あの時こうしなければ……

本当に危ない

闇《やみ》バイトの話

監修
廣末 登
芳賀 恒人

金の星社

はじめに

社会の平穏《へいおん》を乱す組織に、暴力団や半グレ集団といった反社会的勢力がある。人々に危害と恐怖感《きょうふかん》をあたえる組織のため、多くの人は近づこうとせず、意図せず近づいてしまった場合でも、回避《かいひ》することを考えるだろう。

ところが昨今《さっこん》、未成年者が事件に巻きこまれる事例が増えている。それも被害者《ひがいしゃ》ではなく、犯行グループの一員としてである。いわゆる「闇《やみ》バイト」に手をだした若者である。

なぜアルバイトに「闇《やみ》」という文字がつくのだろうか？　それは、犯行を企《くわだ》てる組織の実態が見えないからだ。反社会的勢力が関わっていた例もあるが、そうでない場合もあり、被害者《ひがいしゃ》も、警察も、さらには犯行に加担した人でさえも、組織の所在がわからないのだ。
本書ではこの組織を「闇組織《やみそしき》」と呼ぶ。そして、闇組織《やみそしき》を雇用主《こようぬし》とするアルバイトを「闇《やみ》バイト」と位置づけた。

組織の実態が見えなければ、闇《やみ》バイトや、事件に巻きこまれることを回避《かいひ》するのは難しいのではないか？　その疑問はもっともである。闇《やみ》バイトにはさまざまな罠《わな》が仕かけられており、意識しなければ簡単に引っかかってしまう可能性があるからだ。しかし、さまざまな事例を知ることで、罠《わな》に気づく力を養うことはできる。

本書は、過去に闇《やみ》バイトが関わった実際の事件をもとにして、闇《やみ》組織《そしき》の実態や手口を紹介《しょうかい》している。さらに、闇《やみ》バイトに手をださないようにするための方法や、犯罪行為《こうい》に巻きこまれそうになったときの相談先も案内しているので、道を踏《ふ》み外さないようにするためにも、じっくり読んでほしい。

目次

1

2 違法《いほう》売買に関わる闇《やみ》バイト

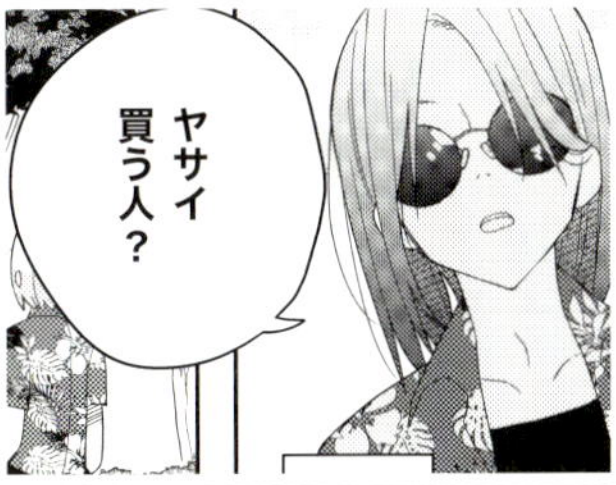

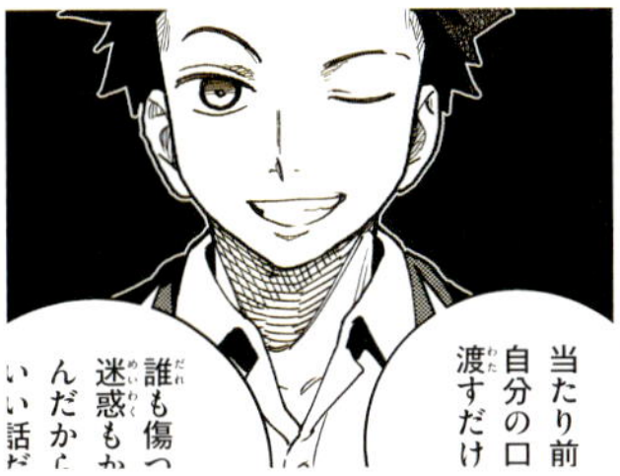

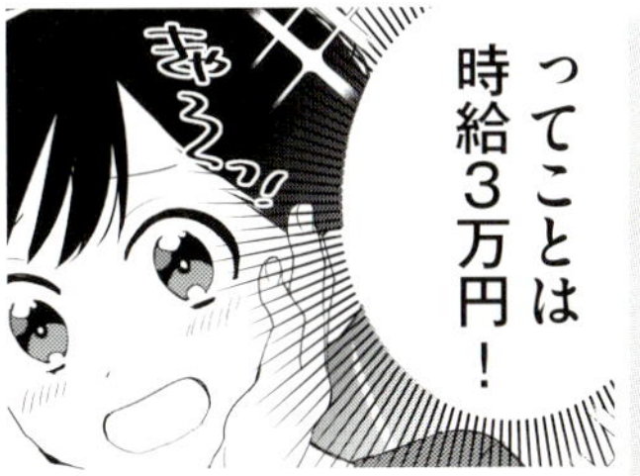

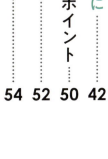

3

自ら相手を陥《おとしい》れる闇《やみ》バイト

4

知らなかったではすまされない闇《やみ》バイト

本書を読む前に

本書で取りあげているマンガは、
実際にあった事件を参考にした
フィクションです。
マンガだけを読むのではなく、
必ず解説文を読んでください。
それが闇《やみ》バイトによる被害《ひがい》を防ぎ、
それに加担してしまう人を
生まないことにもつながります。

- 本書に登場する人物や組織・団体名、建物の名称《めいしょう》などは架空《かくう》のものです。実在するものとは関係ありません。
- 本書では、犯行グループを「闇組織《やみそしき》」、それに関わるアルバイトを「闇《やみ》バイト」と表現しています。
- 闇《やみ》バイトによる犯罪については、年少者（18歳《さい》未満）の場合、主に家庭裁判所で扱《あつか》われます。事件の内容などにより、審議《しんぎ》の内容が異なるため、本書では犯罪の一例として解説しています。
- スマートフォンやパソコンの機能に関する解説は、一般的《いっぱんてき》なものとして掲載《けいさい》しています。詳細《しょうさい》がわからない場合は、携帯《けいたい》電話会社やパソコンメーカーにご確認ください。
- 本書の内容は、2024年7月現在の情報によるものです。

1

特《とく》殊《しゅ》詐《さ》欺《ぎ》に関わる闇《やみ》バイト

1話 オンラインゲームで誘《さそ》われて受け子に

ドカッ
バババ
レベルアップもこれが限界か……
ショウ（16歳《さい》）
高校2年生
高校入学を機にオレははやりのオンラインゲームを始め、はまった
ライド
……
ショウ
アイテム強化すればいけるんじゃない？
ライドさんははじめてできたゲーム友だちだった……
ギィ
えー
でももうこづかいないし課金できないよ
ショウさんはバイトしてないんだっけ？
うーん
うちの高校バイトは禁止なんだよ
親も勉強しろってうるさいしさ
なら、内緒《ないしょ》でやっちゃえば？

親にも学校にもバレない簡単なバイトあるよ
ちょうど知り合いが人を探してて……紹介《しょうかい》しようか？
誰《だれ》でもできる配達のバイトで1回で2万円はもらえるよ！
時間も1回3時間くらいだしね
それならできそう！
ライドさんやさしいな
パッ
木曜日あいてる？
今、夏休みだからぜんぜん大丈夫《だいじょうぶ》！
じゃ、田有駅でお昼の1時に待ち合わせよう
知り合いと一緒《いっしょ》に行くから学生証と通帳も持ってきてね！
コピーがいるみたいだからさ
わかった!! キャップが目印ね！

――後日
田有駅
あっ
いたいた
ショウさん
だよね？
ライドさん!?
思ったより
大人なんだ!!
ハイ！
ライドさん
ひとり
ですか？
知り合いが
来られなく
なったんだ
バイトの件は
ボクに任せる
って！
はあ
ここは人が
多いから
少し歩こうか
学生証と
通帳はＯＫね
次は登録用に
写真を撮《と》らせて
もらうね！
カシャ
実際に会って
みると
ライドさんは
安心して頼《たよ》れる
お兄さんのような
感じの人だった

じゃ 今からさっそくバイトしてみようか！
はい電車賃1万円！
ピラッ
えっ今からですか!?
ほら 善は急げっていうでしょ？
2万円ゲットしよう！
いきなりバイトするとは思ってなかった…どうしよう……
うーーん…
ライドさんいい人だし断りにくいし2万円はほしい
それにバイトの内容も簡単そうだ
① 指定された場所に行って封筒を預かる
② 別の指定された場所に届けるだけ
……やります
夏休みどこ行くー？
ガタン
ゴトン
こうしてオレはライドさんから伝えられた駅に向かうことになった

ケ崎駅 北口
……すみません
あの――
デリバリーの方
ですよね？
あっ
はい！
じゃあ
ちょっと
こっちで……
これを光《ひかり》ヶ《が》浦《うら》駅の
北口にある
ロッカーに
入れてください
荷物を預けるのに
使うICカードは
ゲームセンターの
前にいる人に
渡《わた》してください
……どんな
人ですか？
あとでアプリに
連絡《れんらく》がいきます
バイト代も
その人から
受け取って
ください
不安を覚えつつ
ライドさんが教えてくれた
アプリでやりとりし
いわれたとおりに
渡《わた》された封筒《ふうとう》を
コインロッカーに
入れた……
ピピ

ICカードも指示された人に手渡《てわた》した
20代後半でまじめそうな人だった……
っしゃ！2万円ゲット!!
このあとバイトだっけ？
うん最近やっとレジ打ちにも慣れたよ
すごーいがんばってるね
ガチャ
ただいま部屋で勉強するねえ
妙《みょう》な一日だったライドさんと会ってから3時間ほどでバイトが終わった
こんなに楽して2万円もかせげるなんて……
でも大丈夫《だいじょうぶ》かなあ……
やっぱりバイトはもうこの1回きりにしておこう
ライドさんにはゲームのときにチャットで伝えればいい
もし何かあっても関係を切ろうと思えばいつだって切れる連絡先《れんらくさき》も知られていないし……

カチャ
カチャ
あれ? ライドさん ゲームログイン してないのか
ブブブッ
ライドさん……!? さっきのバイトで連絡用《れんらくよう》に入れたアプリからだ
今日は お疲れさまでした
ところで明日も お願いできますか?
いや、じつは今回かぎりで バイトは終わりにしようと 思っていました
……大丈夫《だいじょうぶ》だ ライドさんなら きっとわかってくれる 大丈夫《だいじょうぶ》……
急であることは 承知のうえでのお願いです
予定していた人が 病気になってしまって その代理でお願いします
さっきの封筒の中に 何が入っていたんですか? すみません、とにかく無理です

ボクはただ受け取って
運んだだけです!
何も知らなかった!!
ガバッ
今さらそれはないだろ!
さっきの封筒の中身は
詐欺に関わるものだぜ!!
おまえはもう
立派な犯罪者なんだよ!
ちゃんと勉強やってる?
やってるって!!
どうしよう……
ダメだダメだ
親にバレる
わけにはいかない!
親は何も知らず
オレがずっと
勉強をしていると
思っている……
やめてもいいよ
でもおまえの
個人情報を
こっちは
持っているからな
親と学校に伝えても
いいんだぜ
あと警察にもな
-ライド-
明日また
連絡するよ
おやすみ
-ライド-
オレは恐怖《きょうふ》で
それ以上
反抗《はんこう》することが
できなかった
明日が怖《こわ》い……
おまえに選択権はない
続けるしかないんだよ!
大丈夫、お金はやるし
オレたちは仲間だよ
わかりました
どうしよう……
誰《だれ》にも相談
できない……

TURNING POINT

闇《やみ》バイトから身を守るターニングポイント

不用意にオンラインで
お金に困っていることを
発信してしまった

見ず知らずの人との
やりとりは慎重《しんちょう》にする
SNSの発信も気をつける

PLAY BACK
ライドさんははじめてできたゲーム友だちだった……
ギィ
CHECK POINT
えー
でももうこづかいないし課金できないよ
ショウさんはバイトしてないんだっけ？
うん
うちの高校バイトは禁止なんだよ
なら、

闇《やみ》はオンタイム・オンラインでターゲットを探している

インターネットを利用したコミュニケーションアプリは、うまく使えばとても便利。さまざまなアプリから自分に合ったものを選べるようになったが、その分トラブルも増えている。たとえば、ボイスチャットは感情が表に出やすいことから避《さ》ける人もいる。

マンガのショウは、以前はオンラインゲームの仲間とグループチャットをしていたが、たびたびもめごとがあり、今ではライドとだけ個別でのチャットをしていた。そんな変化が闇《やみ》へ足を踏《ふ》み入れるきっかけとなった。第三者がいない閉ざされた場所でのやりとりでは、プライバシーに関わることを発信しやすくなる。闇《やみ》組《そ》織《しき》との接触《せっしょく》はインターネット上が多いので、たとえゲーム友だちであっても、十分に注意が必要だ。

闇組織《やみそしき》の狙《ねら》いと手口

注意1
異常な金額設定

注意2
緊急性《きんきゅうせい》の高いあおり

注意3
手軽さのアピール

注意4
直接のやりとり

募集《ぼしゅう》広告の例

全国どこでも対応します!!

1回2万円以上！

リスク管理を徹底《てってい》しているので
危険なことはございません!!

急募《きゅうぼ》につき報酬《ほうしゅう》増加中！

本日からバイト可能

関東、関西圏《けん》はとくに強化中!!

興味のある方は DM ください!!

SNSでトラップを仕かける 反応したら術中にはまるだけ

マンガのように、ゲーム仲間が闇組織《やみそしき》の人間というのはまれなケースで、多くは不特定多数の人に闇《やみ》バイトへの勧誘《かんゆう》を行っている。その主なものがSNSやコミュニティサイトでの広告配信だ。手法としては、まず高額な報酬《ほうしゅう》の提示で目を留《と》めさせる。そして緊急性《きんきゅうせい》や限定性の高い言葉で行動をうながし、手軽さも打ちだして心理的なハードルを下げる。「若者があらゆることをインターネット上ですます」という特性を巧《たく》みに利用するのだ。ダイレクトメール（DM）を送ると、相手の思うつぼ。アプローチしてくる相手は、リクルーターと呼ばれる。フレンドリーに接することで安心させ、最初は簡単な仕事を担当させるのが一般的《いっぱんてき》な手口だ。この時点では、リクルーターの背後にある組織は見えない。

闇《やみ》組《そ》織《しき》の実態を暴く！

■ 組織編成

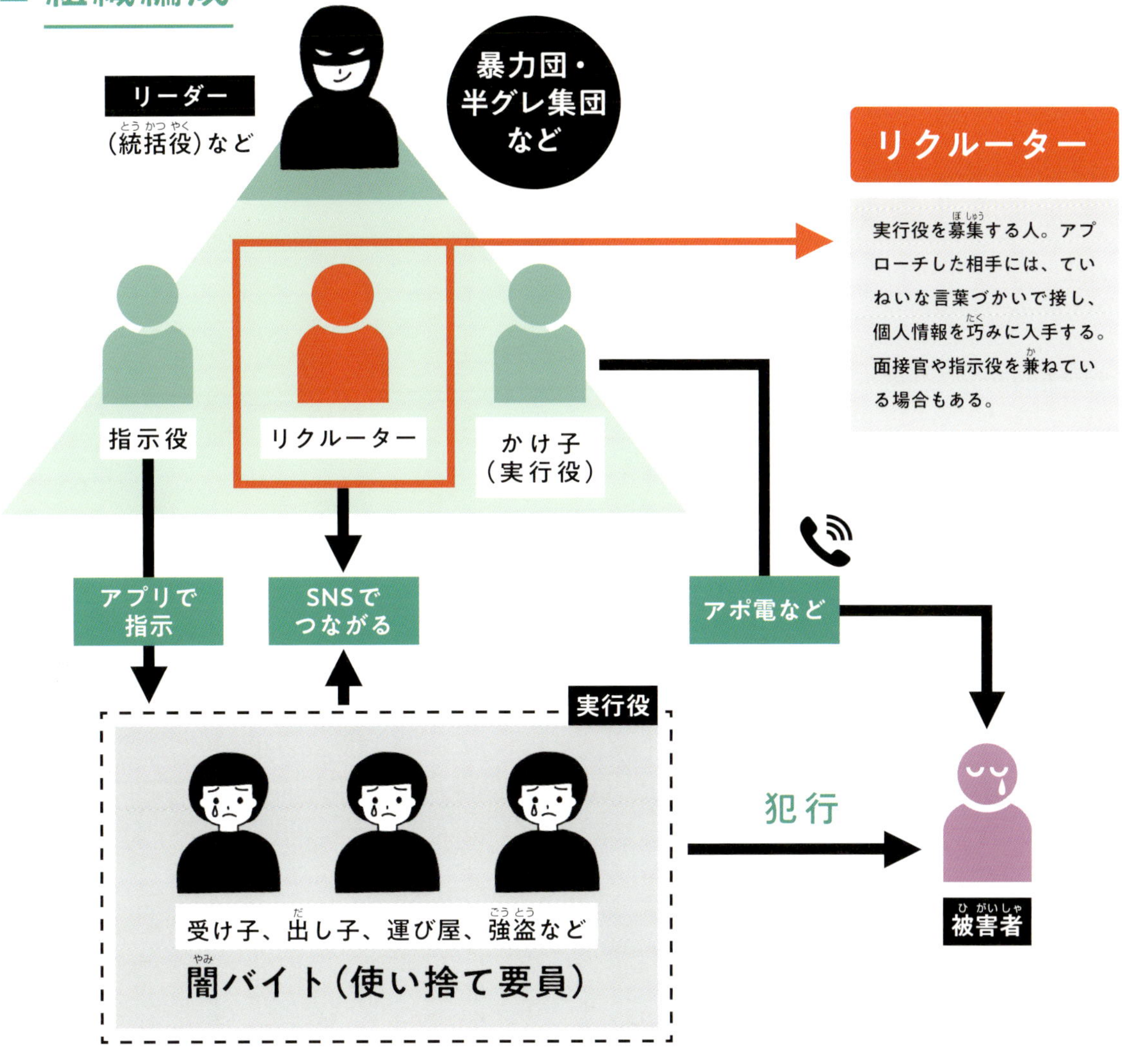

学校の係活動などに役割分担があるように、闇組織《やみそしき》にも役割分担がある。ここでいう闇組《やみそ》織《しき》は、暴力団、半グレ集団、外国人闇組織《やみそしき》、非行少年グループ、元犯罪者ネットワークなどを指し、規模はさまざまだ。リクルーターの誘導《ゆうどう》で闇《やみ》バイトをしてしまうと、あっという間にこの組織の一員になる。簡単にぬけることはできず、極端《きょくたん》な話、闇《やみ》バイトを辞められるのは、警察に捕《つか》まったときである。また、実行役が闇組織と直接やりとりすることはない。リクルーターや指示役からの連絡《れんらく》を待つだけの関係なのだ。したがって、実行役が逮《たい》捕《ほ》されたとしても、警察が闇組織《やみそしき》を摘発《てきはつ》するのは難しい。つまり、実行役は組織の使い捨て要員。組織の一員になるメリットは何もないことを、よく理解しておいてほしい。

どんな犯罪？ 受け子の場合

詐欺罪《さぎざい》

10年以下の懲役《ちょうえき》

特殊詐欺《とくしゅさぎ》の闇《やみ》バイトで多いのが「受け子」だ。犯罪により手に入れたものを受け取ったり、届けたりするだけの役割だが、紛《まぎ》れもない詐欺行為《さぎこうい》だ。未成年者の場合は、知識や考えの不足、判断能力が不十分ということも考慮《こうりょ》されるが、少年院送致《そうち》などの決定がくだされることもある。家庭裁判所で調査または審判《しんぱん》がくだされ、未遂《みすい》の場合でも少年審判《しんぱん》の対象となる。

受け子以外も同様に罪に問われる

かけ子

被害者《ひがいしゃ》に電話をかけてだます役割。詐《さ》欺罪《ぎざい》は相手をあざむく意思がなければ成立しないことがあるが、直接、被害者《ひがいしゃ》をだましているかけ子は、詐欺罪《さぎざい》として揺《ゆ》るぎない審判《しんぱん》がくだされる。かけ子は摘発《てきはつ》を避《さ》けるために活動拠点《きょてん》を移動する特性がある。そのため、未成年者が闇《やみ》バイトでこの役割を担うことは少ない。

出《だ》し子

だまし取ったお金を金融《きんゆう》機関のATMから引きだす役割。受け子やかけ子と違《ちが》って、窃盗罪《せっとうざい》（刑法《けいほう》第235条）に問われることが多い。実刑《じっけい》判決がくだれば10年以下の懲役《ちょうえき》、または50万円以下の罰金《ばっきん》が科される。14歳以上で罪を犯した者は「犯罪少年」に分類され、家庭裁判所で調査または審判《しんぱん》がくだされる。

接触《せっしょく》しないことが第一！ ネットの危険ワードに反応しない

スマホには意図せず、大量の情報が送られてくることがある。そうして届くスパムメールやダイレクトメールで、闇《やみ》バイトへ誘導《ゆうどう》されるケースもある。対策としては、闇《やみ》組織《そしき》からのアプローチに反応しないことが一番だ。メールではフィルター機能を利用し、SNSでは特定の人だけとダイレクトメールができる設定にしておく。これだけでも闇《やみ》組織《そしき》と関わる機会を減らすことができる。自動的に表示される広告（ポップアップ広告）をブロックする機能もある。

ただ、闇《やみ》組織《そしき》はわずかでもすきがあると入りこんでくる。求人募集《ぼしゅう》のメールや広告を目にしても、「裏バイト」「高額」「即日《そくじつ》現金」というような文言があったら無視すること。闇《やみ》の世界には足を一歩も踏《ふ》み入れないことが重要だ。

闇《やみ》バイトアラート発動！

アラート 1 見覚えのないメールは開封《かいふう》しない

受信者の意向を無視して一方的に送られてくるメールを「スパムメール」「迷惑《めいわく》メール」という。わかりにくいアドレスを設定してスパムメールを予防する方法があったが、AI技術の発達によって通用しなくなった。今ではメールを開封《かいふう》すると、実在するメールだと察知できるようなシステムまで構築されている。覚えのないところからのメールは開封《かいふう》せずに削除《さくじょ》することが望ましい。

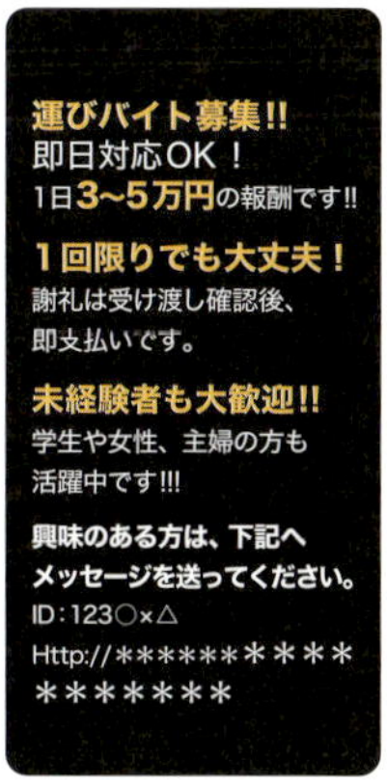

運びバイト募集!!
即日対応OK！
1日3~5万円の報酬です!!
1回限りでも大丈夫！
謝礼は受け渡し確認後、
即支払いです。
未経験者も大歓迎!!
学生や女性、主婦の方も
活躍中です!!!
興味のある方は、下記へ
メッセージを送ってください。
ID:123○×△
Http://**********
****

● スパムメールの例

メールを開封《かいふう》させることが第一の目的。「○○ご契約者《けいやくしゃ》様」などと関係ありそうな件名で送られてくることもある。実在の運送会社やショッピングサイト名で送られてくるものが多い。もし開いてしまっても、添付《てんぷ》ファイルやリンク先を開かないこと。

アラート 2 危険ワードに敏感《びんかん》になる

広告でもメールでも、印象に残るキーワードを効果的に使用している。「裏バイト」といかにもあやしい文言の場合もあるが、「副業」「人気」「簡単」「今だけ」など、闇《やみ》バイト以外でも使うような文言が多い。また、受け子の仕事を「配送」「デリバリー」という言葉に置きかえていることもある。闇《やみ》バイトの募集《ぼしゅう》が、健全な求人サイトに掲載《けいさい》された例もあるので注意しよう。

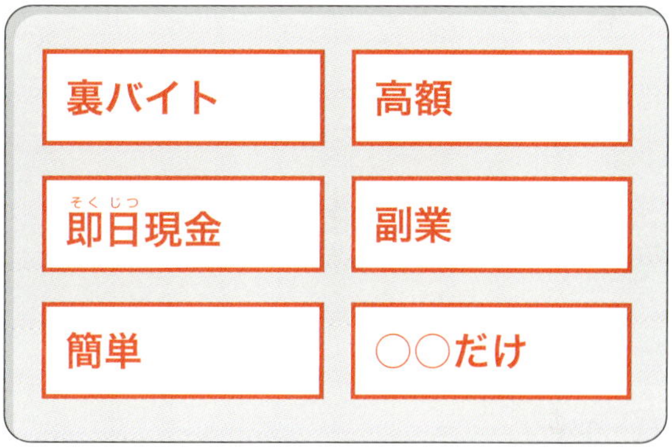

裏バイト
高額
即日《そくじつ》現金
副業
簡単
○○だけ

アラート 3 得体の知れない人とは関わらない

ハガキや手紙のダイレクトメールは開封率《かいふうりつ》が高く、広告手段として重んじられてきた。これが現在は、スマホなどのメールやSNSでのメッセージに置きかわっている。闇《やみ》組《そ》織《しき》はこうした社会の変化を巧《たく》みに利用する。スマホであれば迷惑《めいわく》メールの受信を自動で拒否《きょひ》する設定にし、SNSであれば受信をブロックする設定にしておくとよい。

○○をブロックしますか？
ブロック

● ブロック機能の例

SNSの種類によって違《ちが》うが、認証アカウントのみのメッセージを許可する設定にしておくと安心。また広告を非表示にする設定やアプリもある。これで完全にシャットアウトできるわけではないことも覚えておこう。

2話 受け子から強盗《ごうとう》にエスカレート

夏休みも終わりが近づいていた あれから4回ほど受け子をした
罪悪感がどんどん薄《うす》れていく……
あの日からゲームもしなくなった
ブブ
ライドさんからのメッセージだ
もう5回目？ この仕事にも慣れてきたでしょ？
はい、1回2万円はでかいです
だよね 次の土曜の夜に もっと高額のバイトが あるけどやらない？ -ライド-
さすがに夜は まずいです 親の目があるので -ショウ-
少し前には訪問のバイトの依頼《いらい》もあった

それは、スーツを着て
銀行員を装《よそお》い
高齢者《こうれいしゃ》の家を訪問して
キャッシュカードを
受け取るという内容の
バイトだったが
銀行員としては
若く見えすぎる
とのことで
その依頼《いらい》は実行前に
取り消された
親には夏休みの最後に
友だちと遊ぶっていえば？
そこまで遅い時間には
ならないから
-ライド-
わかりました
どんなバイトですか？
-ショウ-
詳細は当日に説明するよ
チームでやってもらう
バイトだ
一人ひとりに役割があるから
20時に新港公園駅北口の
スキャムバーガーに集合
遅れないでね
-ライド-
チームでの
バイト……？

土曜日
キャムBURGER
あそこにいるふたりが今日のバイトの仲間だから
ショウもなんか食べとく？
いえ、いいです おなかはすいてないんで
それとほかのふたりには自分のことを話さないでね聞くのもナシ
手前が1号 奥《おく》のヤツが2号 そしてショウは3号と呼ぶから
じゃ みんなここでこの服に着がえてくれ
あと全員分のイヤホンマイクもあるからな
ゴッ ゴッ
テレビに出てたな
目的地はフロードレストランだ
三ツ星レストランですよね？

そう、かなり もうかっている ようでね
閉店後に店の オーナーから 1週間分の売上を 奪《うば》うのが仕事だ
いいか、1号が 金属バットで オーナーをなぐる 2号は金を持って 指定の場所まで逃《に》げて
3号は2号から 金を受け取って 指定の場所に行く 3号と合流する 道順はそこの地図に 示している
!!
は、話が 違《ちが》います！
これって 強盗《ごうとう》じゃ ないですか!?
今までの 受け子の バイトも 人から奪《うば》った 金だぜ
やらないなら 車を降りてもいい ただ 強盗犯《ごうとうはん》として おまえをネットで さらすけどね
……?……
す…… すみません
ライドさんは こんなときでも 表情をいっさい 変えない その落ち着きが、怖《こわ》い

ライド
通話中…
スマホが通話中だから誰《だれ》か時間を見て！
10時15分もうすぐオーナーが店を出てくる時間です
あっオーナーってあのじいさんじゃないか!?
3号！合流場所まで移動して!!
はっはい！
無理だ……お、オレにはできない……
ブルブル
ティロリ…
2号！
1号の代わりにおまえがたたけ！金は倍にする!!
ガクンッ
カララ…
チッ!!

ゴッ
クッソーッ
…っ
えっ何あれ
やばくない？
誰《だれ》か！
救急車!!
ザワ
ザワ
もたもたするな！早く金持って走れー!!
ダッ
3号
通話切れ!!
えっ!?
この金
オレたちで
持ち逃《に》げだ！
無理ですよ
こっちの身元
知られて
ますよ！
オレだって
同じだ！
ビビるな
こっちの
ほうがでかい
リスク負って
いるん……
おまえ電話
つなげとけよ!!
ア…スミマセ…
3号！
金は受け取ったん
だろうな!?
ハ…ハイ…
なら早く
次の場所へ来い！
すぐに警察が
来るぞ!!

ピーポー ピーポー
ハッ
サイレン……救急車だ!!
あっ!
バッ
やばい 逃《に》げなきゃ!
ハァ
ハァ
よし ちゃんと金 持ってきたな
ブロロ…
ピーッ
うすっ
2号 お疲《つか》れ!
1号は…… 来ないか? まあいいか
ハッ
ハァ
オレはなぐって ない……ただ 運んだだけ……

よし バッグを 開けろ
すげえ！ これ全部で いくらあんの!?
分け前は あとで渡《わた》すから ここをはなれるぞ
ギッ
この先の駅で 降ろすから そこから帰れ
じゃあ、これが 今日のバイト代ね お疲《つか》れさん！
バタン
ブロロロロ……
20万円を受け取ると 車から降ろされた 何事もなかった ように街は 静かだった……

えっ!? バイトをやめたい……?
今さら何いってるんだ!?
個人情報は把握《はあく》しているんだ
警察に通報するぞ
自業自得だ
捕《つか》まれば学校にはもう行けない……
親は会社をクビになるかもしれない……
ピンポーン……
もう、もとの人生に戻《もど》ることはできない
オレの人生はもう終わりだ……

ピンポーン
ピンポーン
……夢かぁ
朝、オレはインターホンの音で目が覚めた
親は仕事に行っていた
玄関《げんかん》を開けると
数人の刑事《けいじ》が立っていた
頭が真っ白になり
夢なのか
現実なのか
そこから先のことはよく覚えていない
POLICE
ガタッ
パトカーの窓から楽しげにしている高校生が見えた
この事件で実行犯は全員逮捕《たいほ》された
しかし
ライドは捕《つか》まっていない
闇組織《やみそしき》も判明していない
ブロロロ・・・
POLICE

TURNING POINT

闇《やみ》バイトから身を守る ターニングポイント

危険を感じた時点で
アプリでのやりとりを中止し
大人に相談して対応する

指定されたアプリで
やりとりを続けて
誰《だれ》にも相談しなかった

PLAY BACK
悪感が どんどん薄《うす》れて いく……
あの日から ゲームも しなくなった
ライドさん からの メッセージだ
ブブ
CHECK POINT
もう5回目？ この仕事にも 慣れてきたでしょ？
はい、1回2万円は でかいです
だよね 次の土曜の夜に もっと高額のバイトが あるけどやらない？

誰《だれ》にも知られないところで闇《やみ》の奥《おく》へと誘導《ゆうどう》されていく

闇《やみ》の世界からは簡単にはぬけだせない。仕事を続けることで罪の意識が薄《うす》れていくということもあるが、最も大きな原因は、脅迫《きょうはく》されていること。マンガのショウは1回きりのつもりだったが、豹変《ひょうへん》したライドにおどされる。これは闇《やみ》組織《そしき》がよく使う手口のひとつで、従うしかない状況《じょうきょう》をつくりあげるのだ。

こうなると、誰《だれ》かの助けがなければぬけだせない。しかし、闇《やみ》組織《そしき》は、情報がもれにくく連絡《れんらく》の履歴《りれき》が残らないコミュニケーションアプリを使うので、本人が動かないかぎり、助けてもらうことはできない。これは、さまざまな闇《やみ》バイトに共通したものだ。実行犯が逮捕《たいほ》されても組織は特定されない。指定されたアプリをダウンロードした時点で、運命が決まってしまうのだ。

闇《やみ》組《そ》織《しき》の狙《ねら》いと手口

犯行にいたるまでの流れ

① 秘《ひ》匿《とく》性《せい》の高いコミュニケーションアプリに誘導《ゆうどう》

目的① 外部の監《かん》視《し》を避《さ》ける。

目的② 組織の人間の身元を伏《ふ》せる。

セキュリティ対策のためだよね

② 応《おう》募《ぼ》の手続きで個人情報を求める

目的① 口止めのための脅《きょう》迫《はく》材料にする。

目的② 組織からぬけだせなくする。

手続きには必要だよね

③ 具体的な内容のやりとりをする

目的① 証《しょう》拠《こ》を残さずに指示をする。

目的② 新しい仕事をさせる。

怖《こわ》いけど逆らえない

個人情報をつかまれると後戻《あともど》りできない気持ちになる

闇《やみ》組《そ》織《しき》の人間は、自分のリスクを小さくし、実行犯にそれを負わせようとする。そのために、秘《ひ》匿《とく》性《せい》の高いコミュニケーションアプリを使用し、第三者の目が届かず、自分たちの正体もわからないようにするのだ。セキュリティ対策が施《ほどこ》されたアプリは、もともとは企業《きぎょう》などで機密事項《じこう》を外部にもらさないためのツールとして利用されていたものである。闇《やみ》組《そ》織《しき》は、目的のためなら、先《せん》端《たん》技術を悪用することもいとわない。

また、闇《やみ》組《そ》織《しき》は個人情報をつかむことで、実行犯が第三者に頼《たよ》れない状況《じょうきょう》をつくる。一度でも犯罪に手を貸したなら、誰《だれ》もがそれをバラされるのは怖《こわ》い。さらに闇《やみ》組《そ》織《しき》は反社会的勢力の可能性もあるため、家族にも危害がおよぶのではないかと、より恐《きょう》怖《ふ》感《かん》が高まるのだ。

闇組織《やみそしき》の実態を暴く！

■ コミュニケーションアプリの悪用事例

チャットと通話

メッセージは暗号化されるので、第三者が見ることはできない。グループでのやりとりも可能。電話と同じように通話もできる。管理者しか発言できないものもある。メッセージや通話の履歴《りれき》は自動で削除《さくじょ》される。スクリーンショットも撮《と》れないので、記録を残すには、ほかのカメラで撮影《さつえい》するしかない。

ネット閲覧《えつらん》

匿名性《とくめいせい》を確保しながらWebサイトを閲覧《えつらん》できるアプリもある。「ダークウェブ」と呼ばれるサイトでは、通常、検索《けんさく》できないサイトにアクセスできる。ダークウェブには犯罪の取引や、違法性《いほうせい》の高い情報が掲載《けいさい》されている。薬物取引、違法《いほう》物品の売買などに使われることが多い。

クラウド通話

クラウド通話では、インターネット上のシステムと専用アプリを利用して、携帯《けいたい》電話でも固定電話の番号で通話ができる。たとえばビジネスの場で、自身の携帯《けいたい》電話で会社の電話番号による発信、着信ができる。詐《さ》欺《ぎ》の電話で使われることもある。被害者《ひがいしゃ》は固定電話の番号なので不信感を抱《いだ》きにくい。

回数限定のメールアドレス

1回しか使えないメールアドレス（通称《つうしょう》「捨てアド」）を、いくつでも簡単に作成できるアプリがある。個人は特定されず、犯罪に必要な回数だけ使う。たとえば、闇《やみ》バイトの応募者《おうぼしゃ》が最初にアクセスするアドレスとして使用。ほかのコミュニケーションアプリに移行させるまでの連絡《れんらく》手段となる。

秘匿性《ひとくせい》の高いアプリは、本来、ビジネスや政治など機密事項《じこう》を守るために活用されていた。アプリ自体は非常にすぐれていて違法性《いほうせい》のないものが多い。しかし、違法行為《いほうこうい》に利用されることが増え、サービスを終了《しゅうりょう》せざるを得なくなるものもある。なお、闇《やみ》バイトに限らず、秘匿性《ひとくせい》の高い連絡《れんらく》ツールはトラブルを起こしたり、巻きこまれたりする原因になるので、安易に利用しないように気をつけよう。ほかのアプリにおいても必ず保護者の同意を得て利用すること。

どんな犯罪？ 強《ごう》盗《とう》の場合

窃《せっ》盗《とう》罪《ざい》

10年以下の懲《ちょう》役《えき》、
または50万円以下の罰《ばっ》金《きん》

刑《けい》法《ほう》第235条で「他人の占《せん》有《ゆう》する財物を窃《せっ》取《しゅ》した者は、窃《せっ》盗《とう》の罪」と定められている。14歳《さい》以上で罪を犯した者は「犯罪少年」に分類され、罰則は非行歴、犯罪の内容などから家庭裁判所で調査または審《しん》判《ぱん》がくだされる。

強《ごう》盗《とう》罪《ざい》

5～20年以下の
懲《ちょう》役《えき》

刑《けい》法《ほう》第236条で「暴行または脅《きょう》迫《はく》を用いて他人の財物を強取した者は、強《ごう》盗《とう》の罪」と定められている。罰《ばっ》金《きん》刑《けい》はなく、すべて懲《ちょう》役《えき》刑《けい》となる。窃《せっ》盗《とう》という非行事実から、家庭裁判所で調査または審《しん》判《ぱん》の結果、少年院送《そう》致《ち》などの決定がくだされることになる。

複数の罪に問われることもある！

犯行の内容によって、科せられる罪が複数になることも。相手を脅《きょう》迫《はく》した場合などは、恐《きょう》喝《かつ》罪《ざい》（刑《けい》法《ほう》第249条）を問われる可能性もある。

指示されて
動いただけ
なのに……

犯罪がエスカレートする前に闇《やみ》組《そ》織《しき》との関係を断つ

闇《やみ》組《そ》織《しき》と接《せっ》触《しょく》した人の多くが、ぬけだす勇気を持てない。犯罪はエスカレートしていき、どんどん闇《やみ》の奥《おく》へ進むことになる。だから、巻きこまれる前にそれぞれのリスクを知っておいてほしい。

まず、誰《だれ》かに相談して闇《やみ》組《そ》織《しき》からぬけようとしたらどうなるか。「闇《やみ》組《そ》織《しき》から暴力や脅《きょう》迫《はく》を受ける」「家族が巻きこまれる」「ネットで学校や近所にバラされる」というリスクがあげられる。では、闇《やみ》組《そ》織《しき》の一員であり続けるとどうなるか。「犯罪をし続ける」「いつ逮《たい》捕《ほ》されるかとおびえ続ける」「闇《やみ》組《そ》織《しき》から圧力を受け続ける」ことになる。このようにふたつの仮定で比べることを「リスク評価」と呼び、企《き》業《ぎょう》や団体が反社会的勢力との関係を断つのに役立てられている。当然、ぬけだすほうがよい。

！ 闇《やみ》バイトアラート発動！

アラート 1 リスク評価をする

闇《やみ》バイトに手を染めてしまっても、もとの生活に戻《もど》れないわけではない。ただ、そのまま続けていれば深みにはまり、多くの被害者《ひがいしゃ》を生みだすだけでなく、自身の人生も取り戻《もど》せなくなる。闇《やみ》バイトからぬけだすリスクは、続けるリスクより小さい。ただし、これは大人や専門機関の助けがあることが前提になる。自身や家族の安全を確保する対策が必要なのだ。

● 闇《やみ》バイトを続けるリスク

- 犯罪をし続ける（被害者《ひがいしゃ》が出る）
- 犯罪がエスカレートする
- 闇組織《やみそしき》から圧力を受け続ける
- 逮捕《たいほ》されることにおびえ続ける
- 日常生活を送れなくなる

アラート 2 大人に相談する

リスク評価をすれば、誰《だれ》かに相談しやすくなる。まず家の人、学校の先生など、身近な人に打ち明けよう。もし相談しにくいなら地方公共団体の相談機関に連絡《れんらく》してみるのもよい。電話やメールなどで、気軽に相談することができる。また友だちに打ち明け、その友だちから大人に報告してもらう方法もある。

● 相談先

相談機関の連絡先《れんらくさき》をP.156に掲載《けいさい》しています。

- 保護者や学校の先生
- 自治体の相談機関

アラート 3 弁護士や警察に助けを求める

弁護士や警察を頼《たよ》ったときにどのような対応をしてくれるかを知っておこう。弁護士は法律に照らし合わせてリスク評価をしてくれる。警察は闇組織《やみそしき》からの攻撃《こうげき》を防御《ぼうぎょ》する方法を教えてくれるだろう。

保護観察処分について

裁判所で審議《しんぎ》されたのち、少年院や刑務所《けいむしょ》などに送致《そうち》されることもあれば、保護観察処分になることもある。これは社会生活を行いながら「保護司」と呼ばれる人と定期的に面会し、指導を受けながら更生《こうせい》していくこと。罪を償《つぐな》いながら本来の生活を取り戻《もど》していく。

闇の実態を知ることで
自分と誰かを守れる **1**

巧妙な手口に乗せられて
警戒心を失った者たち

「1回だけなら」「危険になったらやめよう」という安易な考えは、
闇に入ると通用しなくなる。

CASE 1
SNSの投稿に闇組織が反応

「お金に困っている」という内容の書きこみに、闇組織からアプローチがあった事例が多い。出会い系の書きこみに対して「荷物を受け取るだけの仕事をしないか？」といったアプローチがあった例もある。SNSで自分の弱みを見せるような発信をするのは、自ら闇バイトに応募しているようなもの。SNSでの投稿内容から、個人情報を握られている可能性もある。

CASE 2
SNSで副業募集に闇からスカウト

SNSで副業募集の専用アカウントを開設した人に、闇組織から仕事紹介のダイレクトメールがきた事例がある。これは闇バイトへのスカウトメールである。仕事の仲介業者を装っているケースもある。反応してしまうと、秘匿性の高いコミュニケーションアプリをダウンロードさせられるのが、よくあるパターンだ。また、個人情報のぬき取りを目的にしている場合もある。

CASE 3
SNSで知り合った人からの紹介

お金や仕事の相談をしたところ、健全な仕事先ということで紹介されたのが、闇組織だったというのはよくあるパターン。また、交友相手として女性を紹介したのち、闇バイトへ誘導するというやり口もある。闇組織は、親しげに近づいてくるのが特徴。実生活で交友関係に充実していない人は、そのやさしさに「助けられた」と思い、つい心を許してしまうのだ。

CASE 4
友人や知人からの勧誘

直接、闇バイトを紹介されるケースもあれば、一緒に闇バイトをすることを誘われるケースもある。また、先輩・後輩の上下関係を利用され、闇バイトをするよう脅迫された人もいる。その先輩もまた誰かに強制されていたのかもしれない。気心の知れた間柄であっても、その人が闇組織と関係を持ったら、人柄が豹変することがある。自分が助かるために仲間を巻きこむのだ。

2

違《い》法《ほう》売買に
関わる
闇《やみ》バイト

3話 違法《いほう》薬物に手をだし、気づけば売人に

ほら
この言葉を書きこむだけ
新鮮《しんせん》なヤサイ!?
新鮮なヤサイ 手押し
全員が返信できます
GIF
送信する
まあおまえはやめとけよ
ははは～
……
怖《こわ》いもの見たさが半分……
とりあえず書きこむだけなら……
送信する
ぽち…
残り半分はヒロトへの対抗心《たいこうしん》だった
1件の新しいメッセージ
今日18時 南西公園
駐車場側 6000/g
午前5:26
キミ
指定された夕方……
ヤサイ買う人？
はっ
はいっ!!

あの　これ……
ワンジーね　はい、まいど！
すぐ　なくなるよ
どもっす……
行かないのも　怖《こわ》かったから　来ちゃったけど……
ヒロト
昨日いってた大麻、手に入れた
ぜんぜん余裕だったわｗ
夜に　なって　しまった……
大麻なんて
そんなにビビるもんじゃ
ないよな〜
吸い方が　わかんないから　調べる…
吸った感想は？
ヒロトに　返事　しないと　いけない　から
少しだけ　……
ガさっ

……！
まあ
わりと平気かな……
―数分後
何分？
10分？いや3分？
時計が読めねえ
頭がぐるぐるぐるぐるぐるぐるまわる
気持ち悪い……！
次はこのアプリから注文して
ほらダウンロード！できた？
はっはいっ！
次？
そんなもんねえよ！
二度としねえ!!

それから1か月後
気づけばあのアプリを使って何度も注文していた
またワンジー？
今日18時　西南公園駐車場
6000/g
2g以上で
あっ
すみません お金なくて……
……
じゃあ…… 今日の分 タダでいいよ
えっ？
その代わり おつかい頼《たの》めない？ 仕事手伝ってよ
場所を伝えるから そこにシナモノを 届けてほしいん だけど……
手を組もうよ 注文はオレが 管理するから
もし 草があまったら タダでやるよ

終わりました！
19:50
疲れ！次もヨロシク
今日
18時 南公園駐車場側 女
グラム
日20時 南公園グラウンド1
ぽ
RAIN
新着メッセージ
18件があります
こっ
明日は……
2件だけか
それなら
預かっている分で
足りるな
【速報！！】
今近所にパトカー来てて
何かと思ったらヒロトが逮捕
されてる！！！
!!!
え？？詳しく
ネットニュースになってるよ
5グラム
同日20時 南公園グラウンド10グラム
ヤバイ
ヤバイ
ヤバイ!!
やばいです 友だちが捕まりました
携帯の履歴全部見られますよね!?
どうすればいいですか？
至急です!!!
sakaki35@裏 @sa
ヒロト大麻だけじゃな
覚醒剤もやってたらし
ゆきまる@3-5 @yuki_marumaru
クラスメイトがテレビ出るかも

あいつの将来終わったなｗ
いつもならすぐに返事がくるのに……
ここも見られるんじゃない？
いえ〜い犯罪者見てる〜!?
届いているだろ!!! 返信しろよ!
捕まったらおまえのこと全部バラすぞ!!!
未読 6:55
読んでんだろ!!!?
未読 6:58
捕まりたくない!
助けてください! お願いします
ピンポーン
オレは警察に捕《つか》まった
今までのことを全部話したしかし……

やりとりがすべて
匿名《とくめい》アプリだったので
売人の情報は
何もない
7時10分
容疑者逮捕《たいほ》
売人の名前も連絡先《れんらくさき》も
わからないのでは
どうにもできないと
捜査《そうさ》が進むことは
なかった
こんなとき……
草があれば
何もかも
忘れられるのに
クサ……!?
少年院に入ったら
もう吸えないじゃ
ないか……
中毒症状《しょうじょう》が
出てるんだね
友だちと
一緒《いっしょ》だ

TURNING POINT

闇《やみ》バイトから身を守るターニングポイント

興味と対《たい》抗《こう》意識で行動し
危険性や違《い》法《ほう》性《せい》を
軽く見てしまった

違《い》法《ほう》薬物に関わる
友人の未来を考えて
大人に報告・相談をする

薬物に依存《いぞん》してしまうと自己制御《せいぎょ》がきかなくなる

闇《やみ》バイトもそうだが、違法《いほう》薬物に近づいてはいけない。違法《いほう》薬物の恐《おそ》ろしさは、体をむしばむだけではない。依《い》存《ぞん》すれば精神も生活も崩壊《ほうかい》させてしまう。「大麻《たいま》はほかの薬物ほど危険ではない」「海外では合法の地域もある」という情報を、判断能力が成熟していない未成年者に流している者の背後には、闇組織《やみそしき》があることを覚えておいてほしい。大麻《たいま》に手をだした理由の多くは〝興味本位〟である。それがどんなに人生をくるわせるかは、マンガのケンタを見ればわかるはずだ。

　薬物依存《いぞん》によって、ケンタは薬物の売人となった。この時点でケンタは正常な判断能力を有していなかった。SNSでの不用意な発信が、悲劇の始まりだったのだ。

闇組織《やみそしき》の狙《ねら》いと手口

違法《いほう》薬物に依存《いぞん》させて
闇《やみ》バイトからはなれられなくする

- 若年層の好奇心《こうきしん》を利用して大麻《たいま》をすすめる。
- 薬物が得られることを対価に勧誘《かんゆう》して闇《やみ》バイトをさせる。
- 違法行為《いほうこうい》がバレて逮捕《たいほ》されそうになると、姿をくらます。

あわれな末路を迎《むか》える

犯罪者　薬物依存《いぞん》　就職不安　収入なし

金かせぎに利用して
ボロボロになったら捨てる

違法《いほう》薬物ビジネスは、反社会的勢力が資金を得るための活動である。組織の下層にいる者が薬物を売買し、組織に上納するのが基本だ。現在では、その構図にふたつの変化が起きている。ひとつは違法《いほう》薬物の買い手が若年層に広がっていること。とくに大麻《たいま》が顕著《けんちょ》で、検挙人員数は20代と20歳《さい》未満が多い（左ページ参照）。もうひとつの変化は、組織以外の人間に闇《やみ》バイトで薬物を運ばせたり、売らせたりしていることだ。

闇組織《やみそしき》は若者に薬物を売ってもうけ、さらにその若者を薬物ビジネスに加担させてかせがせる。自身の手を汚《よご》さずに利益を得る図式ができたのである。闇《やみ》バイトをする者が使いものにならなくなったら切り捨てる。そして別の者がターゲットになるのである。

闇《やみ》組《そ》織《しき》が若者に悪の手を伸《の》ばす

■大《たい》麻《ま》の検挙人員数が増えている

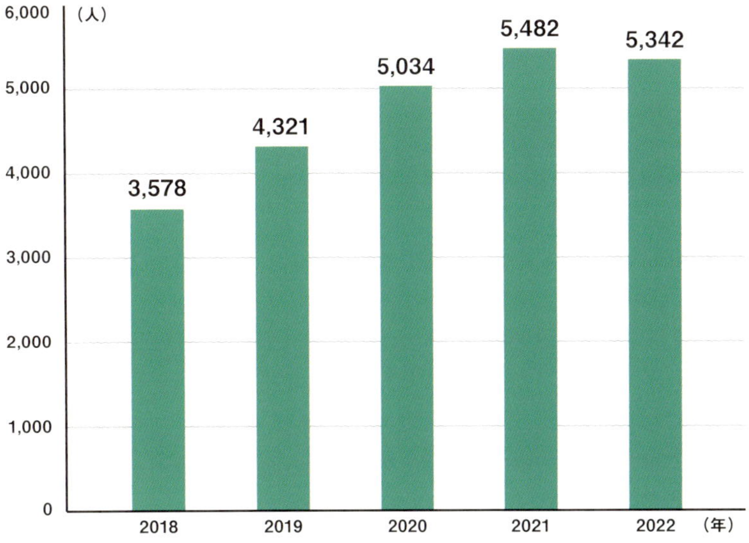

出典：警視庁組織犯罪対策部「令和４年における組織犯罪の情勢【確定値版】」

暴力団構成員などの検挙数の割合は下がっているという。つまり、それ以外の人が増えているのだ。

検挙の内容は使用、所持だけでなく栽培《さいばい》もふくまれている。また、SNSなどを通じて面識のない人同士での薬物売買が増えている。

■大《たい》麻《ま》による検挙者は20代が最も多い

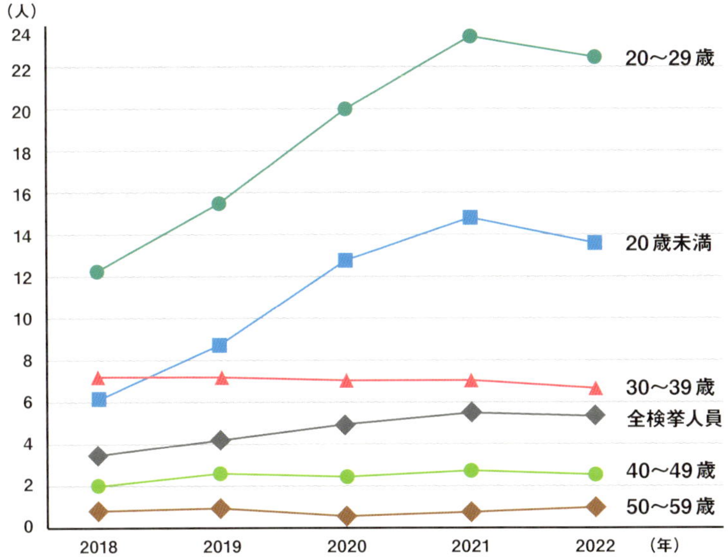

※人口10万人当たりの検挙人員

出典：警視庁組織犯罪対策部「令和４年における組織犯罪の情勢【確定値版】」

未成年者がターゲットにされている！

大《たい》麻《ま》は「ゲートウェイドラッグ」と呼ばれ、ほかの薬物への入口になっている。また、違《い》法《ほう》薬物は再犯率も高いのが特徴《とくちょう》。

どんな犯罪？ 違法《いほう》薬物の場合

大《たい》麻《ま》取《とり》締《しまり》法《ほう》違《い》反《はん》

みだりに、所持し、譲《ゆず》り受け、または譲《ゆず》り渡《わた》した者は、5年以下の懲役《ちょうえき》
営利の目的で上記の罪を犯した者は、7年以下の懲役《ちょうえき》、
または7年以下の懲役《ちょうえき》および200万円以下の罰金《ばっきん》

大麻取締法《たいまとりしまりほう》第24条にて法定刑《ほうていけい》が定められている。所持、譲渡《じょうと》・譲受《じょうじゅ》のほか、栽培《さいばい》や輸入・輸出における法定刑《ほうていけい》も定められており、未成年者でも成人と同様に厳しい決定がくだされる。家庭裁判所で調査または審判《しんぱん》がくだされ、初犯の場合でも保護観察処分（P.39）になることもある。同法律は「大麻《たいま》の使用に対する罰則《ばっそく》の導入」など、改正の審議《しんぎ》が行われている。

危険ドラッグとは？

規制されている麻薬《まやく》や覚醒剤《かくせいざい》の化学構造を少しだけ変えた物質がふくまれており、体への影響《えいきょう》が麻薬《まやく》や覚《かく》醒剤《せいざい》と変わらないか、それ以上のものを「危険ドラッグ」という。危険ドラッグに関しても法定刑《ほうていけい》が定められている。

自分の意思では
どうしようもない……

1回のつもりが乱用の始まり 違法《いほう》薬物は人のすべてを奪《うば》う

違法《いほう》薬物を使用すると、無気力になり、正常な判断能力が奪《うば》われてしまう。もし、友だちや知人から誘《さそ》われるようなことがあったら「断固拒否《だんこきょひ》」という姿勢を貫《つらぬ》くべきだ。それが難しいのなら、その場をはなれる、話題を変えるといった方法もある。そうすれば闇《やみ》バイトのきっかけを遮断《しゃだん》できる。また、違法《いほう》薬物に依存《いぞん》してしまうと、闇《やみ》組織《そしき》から違法《いほう》な金融《きんゆう》業者での借金や、さまざまな闇《やみ》バイトをさせられる可能性がある。その先にあるのは悲惨《ひさん》な未来だけだ。

闇組織《やみそしき》は常にターゲットを探している。SNSなどで不用意な発信をすると、闇《やみ》のネットワークにからめとられてしまう。もし、闇組織《やみそしき》からアプローチがあった場合、反応しないことが一番。そして必ず大人に相談することだ。

闇《やみ》バイトアラート発動！

アラート 1 違法《いほう》薬物との接点を持たないことが第一

違法《いほう》薬物にかかわる未成年者の検挙人員数が増えている背景のひとつに、連鎖《れんさ》しやすい環境《かんきょう》があげられる。SNSなどで違法《いほう》薬物のやりとりが行われるようになったことで、闇組織《やみそしき》との接点がない人でも違法《いほう》薬物を入手できるようになった。それにより友人から友人、またその先へと違法《いほう》薬物の使用者が拡大しているのである。

● こんな誘《さそ》い文句に注意

- ちょっとだけ、ためしてみない？
- とりあえず預かってよ
- リラックスできるよ
- お金はこの次でいいよ
- タバコより害がないよ
- 嫌《いや》なことを忘れられるよ
- クスリでちょっと遊ぼうよ
- みんなやっているから大丈夫《だいじょうぶ》
- 最高の気分が味わえるよ
- 1回だけなら大丈夫《だいじょうぶ》！

アラート 2 SNSでの不要な発信、やりとりは絶対にしない！

違法《いほう》薬物の売買は、インターネットを介《かい》して行われることが増えている。その中でもSNSは誰《だれ》でも簡単にアクセスできるため、違法《いほう》薬物の入口になりやすい。違法《いほう》薬物取引では、秘密をもれにくくするために、隠語《いんご》が使われる。隠語《いんご》の意味を知らずにあやまって接触《せっしょく》しないように、代表的な隠語《いんご》を知っておこう。これらが記載《きさい》されているネットのやりとりには絶対に反応しないこと。

● 違法《いほう》薬物の隠語《いんご》に注意！

大麻《たいま》：クサ（草）、ヤサイ（野菜）、ガンジャ、ハッパ、チョコ、ハシッシュ

対面取引：手押《お》し　覚醒剤《かくせいざい》：アイス　密売人：プッシャー

違法《いほう》薬物に“1回だけ”は存在しない。
薬物と闇組織《やみそしき》はターゲットを追いかけ続ける！

4話 銀行口座を売っただけなのに

ありがとう
ございます
でも、オレは
やめときます
ここの店員
オレが高校生って
知ってるんで
通報されちゃいます
警戒心《けいかいしん》強いね
まあ高校は
卒業して
おきたいもんな
24H
ATM 酒
でもバイト
やめたってことは
金ないんじゃ
ないの？
かせぎになる話
あるんだけど
興味ある？
あるよねえ
あやしい話
っすか？
まあな
でも簡単な
バイトだ
あぶなっかしい
こともない……
口座をいくつか
つくってほしいんだ

口座って銀行の？
そう 1口座で 3万払《はら》うよ
SNSの広告で見たことがあるような…… それ、本当に大丈夫《だいじょうぶ》なんですか？
えっ、オレが信用できないの!?
ギロッ
そ そんなことないっすよ
まあ、リョウは口座をオレに渡《わた》すだけだからさ
10口座なら30万円ってことだな
えっ そんなに!?
オレも頼《たの》まれ仕事でね リョウなら後輩《こうはい》を使えば50くらいいける？
それとキャッシュカードもいるからな
はあ…… そもそも口座って高校生でもつくれるんでしたっけ？

高校は義務教育じゃないんだから働いているやつもいるだろ？
15歳《さい》以上なら親の同意なしでもつくれるんだよ
あー
なるほどですね
ネットで手続きできるところもあるしな
それでいつまでにやればいいんですか？
3週間で30はほしいねとりあえず
2週間後にできるだけ持ってきてくれればいいや
正直、不安だったでも、上下関係に厳しい先輩《せんぱい》の頼《たの》みを断るほうが怖《こわ》かった……
わかりましたやってみます
じゃあなリョウ！
2週間後だからな無理しないように無理しろよ！

キーンコーン
カーンコーン
おっ
ショウヘイ！お願いがあるんだよ
なんですか!? リョウ先輩《せんぱい》……
タバコは持ってきてないですよ
ちげーよ
ビジネスの話だよ
おまえんとこのグループに何人かいるだろ？そいつらにさ……
ショウヘイは1学年下で不良グループの頭だ
オレは小谷先輩《せんぱい》から持ちかけられた話を同じように伝えた
どうだ？1口座で1万円だぜ！
差額の2万はオレがもらうけどな
んー
オレ入れて6人だから6万円か……
ほかのやつらにいくらか渡《わた》すとそこまでいい話じゃないですよねえ……

バーカ
もっと頭を使え！リーダーなんだからさ銀行はひとつじゃないだろ!?
ひとりが3つの銀行で口座をつくれば
3×6人で18 4つなら24 5つで30だ！
で、いつまでに必要なんですか？
2週間で頼《たの》むわ
あっ
中学生はダメだから
親の同意みたいなものがいるから
うす
ほかの連中にも声かけてみますね
リョウ先輩《せんぱい》ビジネスマンみたいですね！
念のためですけどこれ、安全なやつですよね？
当たり前だろ！自分の口座を渡《わた》すだけだし
誰《だれ》も傷つけず迷惑《めいわく》もかけないんだからないい話だろ!?

――2週間後
小谷先輩
通話中…
すみません まだ11しか 集まっていません 自分もまだ1つで
いいよ いいよ
そしたら その口座の通帳と キャッシュカードを
今からいう住所に 特定記録の郵便で 送ってね
特定記録？ それって なんですか？
知らないか…… 郵便局に行って 聞いたらわかるよ
でも何を送るかは わからないようにな 封筒《ふうとう》に入れてから 郵便局に行けよ
わかり ました
金は3万×11で 33万円な
駅前のカラオケの 店長に預けておくよ わかるように しておくから
わりいけど 明日の夕方にでも 取りにいって
はい ありがとう ございます

じゃあ、もう少し
つくって送りますね
オレも動きますよ
意外に簡単だったし……
おう
できるだけ
あるといいよな
お互《たが》いに！
それから1週間
ショウヘイと組んで
追加で13の口座を
つくることができた
小谷先輩
通話中…
いいね！
じゃあこれで
このバイトは
いったん終了ね！
たったの3週間で
48万円か……
ほかのバイトは
できないな
協力してくれた
ショウヘイには
追加で3万円を渡《わた》し
口止めの手も打った
それでも45万円だ

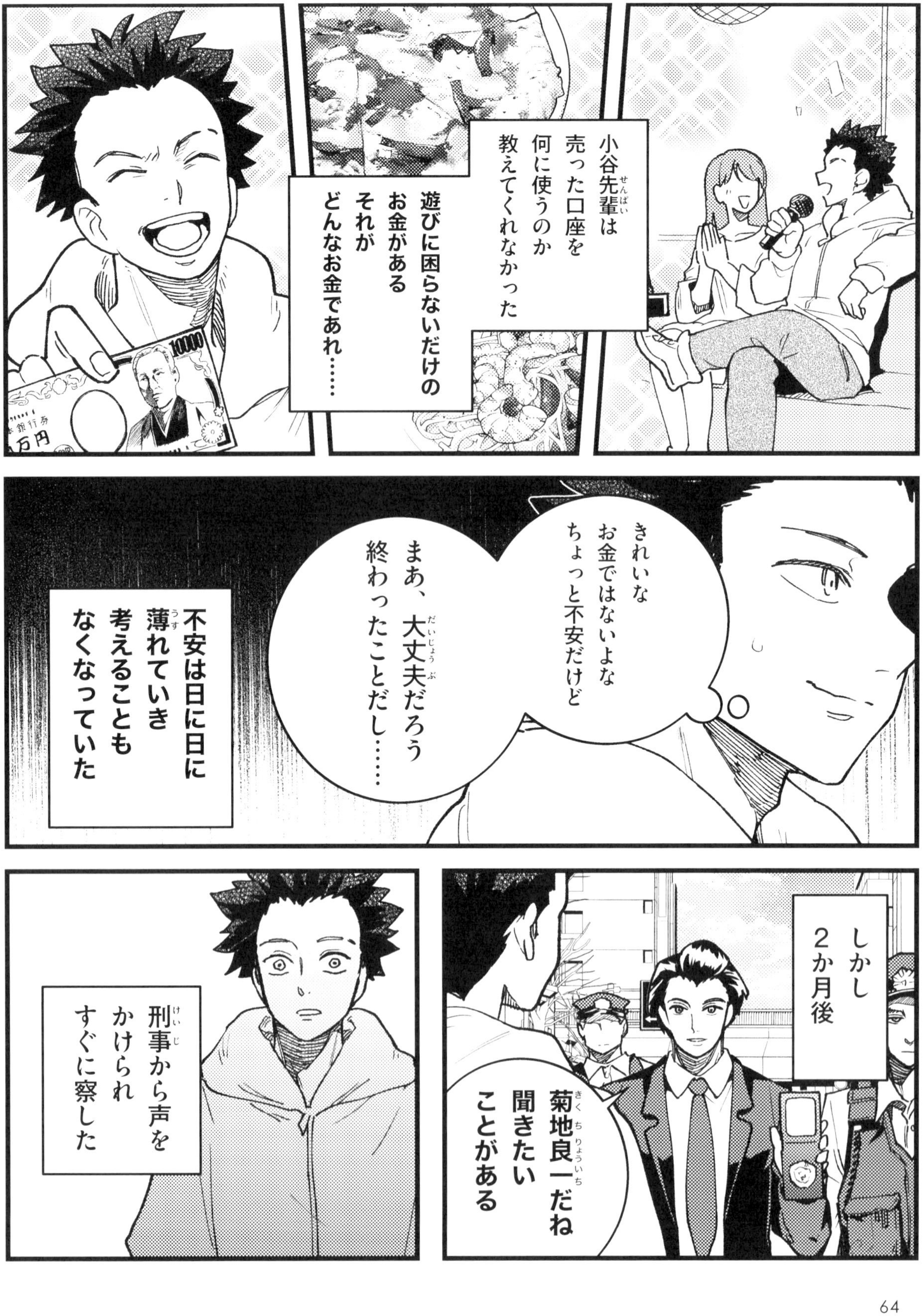
小谷先輩《せんぱい》は
売った口座を
何に使うのか
教えてくれなかった
遊びに困らないだけの
お金がある
それが
どんなお金であれ……
きれいな
お金ではないよな
ちょっと不安だけど
まあ、大丈夫《だいじょうぶ》だろう
終わったことだし……
不安は日に日に
薄《うす》れていき
考えることも
なくなっていた
しかし
2か月後
菊地良一《きくちりょういち》だね
聞きたい
ことがある
刑事《けいじ》から声を
かけられ
すぐに察した

刑法《けいほう》第256条2項《こう》
「盗《とう》品《ひん》等《とう》有《ゆう》償《しょう》の処分《しょぶん》のあっせん」

それがどんな罪に
あたるものなのか
オレにはわからないが
今後、オレは
自分の口座を
つくれなくなるそうだ
ショウヘイたちも
小谷先輩《せんぱい》も
逮捕《たいほ》された
オレは少年鑑別所《かんべつしょ》に
送還《そうかん》されたのち
保護観察処分となった
小谷先輩《せんぱい》は誰《だれ》と
関わっていたのだろうか？
自分と同じように
誰《だれ》かに依頼《いらい》されたのか？
インターネットで
口座売買を
検索《けんさく》してみた
自分と同じように
高校生や大学生が
逮捕《たいほ》されている
ニュース記事が
いくつもヒットした
でも不思議なことに
個人単位での
逮捕《たいほ》の記事だけで
口座売買を
行わせていた
組織の逮捕《たいほ》記事は
見つけられなかった

TURNING POINT

闇《やみ》バイトから身を守るターニングポイント

知人からの紹介《しょうかい》だからと
疑うことすらせず
指示どおりに動いた

あやしい点があれば
知人でもきっぱり断り
一定の距離《きょり》を置く

知人からの勧誘《かんゆう》も闇《やみ》バイトの入口になる

ダイレクトメールやSNSなどで表示される広告から闇《やみ》バイトに誘導《ゆうどう》されるのとは別に、友人や知人から勧誘《かんゆう》されるケースもある。知り合いということもあって、根拠《こんきょ》のない安心感から闇《やみ》バイトに手をだしてしまった典型的な例が、マンガのリョウである。しかもリョウは後輩《こうはい》も巻きこんでしまった。

大人でも知人からの誘《さそ》いは「断りにくい」と感じることが多々ある。だからといって違法行為《いほうこうい》を安易に引き受けてしまうのは得策ではない。応じた場合、その先にどうなるのかを想像すれば、毅然《きぜん》とした態度で断れるはずだ。哲学《てつがく》者《しゃ》のソクラテスは「無知は罪」という言葉を残した。他人を傷つけたり、社会に迷惑《めいわく》をかけたりした際に「知らなかった」は通用しない。

闇組織《やみそしき》の狙《ねら》いと手口

口座売買は必ず摘発《てきはつ》される

- 犯罪に使われた口座は事件の捜査《そうさ》対象になる
- 口座の不審《ふしん》な取引履歴《りれき》がチェックされる
- 闇組織《やみそしき》が摘発《てきはつ》され、口座の名義人がわかる

闇組織《やみそしき》はお金を暗号資産にかえる

闇組織《やみそしき》は犯罪行為《こうい》で得た収益の出どころがわからないようにするために、資金を架空《かくう》口座や他人名義の口座に動かす。これを「マネーロンダリング」という。昨今《さっこん》、暗号資産（以前は仮想通貨とも呼ばれていた）が取引に使われるようになり、マネーロンダリングへの悪用が懸念《けねん》されている。

他人の口座を一時的に利用し、収益も組織も表から隠れ去る

闇組織《やみそしき》の目的はすべてお金だ。お金を守るためであれば金融《きんゆう》機関の口座の悪用もいとわない。たとえば特殊詐欺《とくしゅさぎ》でお金を振《ふ》りこませる口座、薬物売買で使用する口座などとして利用する。口座が犯罪に使用されていることがわかっても、他人の口座なら摘発《てきはつ》されることがないため、闇組織《やみそしき》は多数の口座を必要としている。

金融《きんゆう》機関の口座開設に年齢《ねんれい》制限はない。未成年者の場合は親権者などによる手続きが必要だが、15歳《さい》以上であれば本人のみで開設できる。インターネットのみで開設できる口座もある。だから闇《やみ》バイトで未成年者がターゲットになるのだ。もちろん、他人名義の口座を使うのも他人に売買するのも犯罪だ。金融《きんゆう》機関でも禁止している。

闇組織《やみそしき》の実態を暴く！

■ 他人名義の金融《きんゆう》口座はさまざまな犯罪に使われる

振《ふ》りこめ詐欺《さぎ》

オレオレ詐欺《さぎ》や投資詐欺《さぎ》などで、だまされた相手がお金を振《ふ》りこむ口座として使用される。また、架空請求《かくうせいきゅう》の振《ふ》りこみ先として使用されることもある。

ネットショッピング詐欺《さぎ》

窃盗《せっとう》や詐欺《さぎ》で手に入れた商品のネット販売《はんばい》や、偽《にせ》ショッピングサイトで、購入者《こうにゅうしゃ》が代金を支払《しはら》う口座として使用される。

マネーロンダリング

違法《いほう》に得たお金の出どころをわからないようにするため、また正当なお金と見せかけるために一時的に使用される。マネーロンダリングは「資金洗浄《しきんせんじょう》」とも呼ばれる。

違法《いほう》な金融《きんゆう》業者の受け皿

無許可で賃金業を営んだり、法定外の高金利で貸しつけを行ったりする金融《きんゆう》業者(「闇金《やみきん》」とも呼ばれる)が、収益を隠《かく》すために使用する。お金を借りた人に対して、闇金《やみきん》が返済の代わりに口座の譲渡《じょうと》を求めることもある。

不審《ふしん》な入金、出金、送金は、金融《きんゆう》機関が行う顧客《こきゃく》の情報管理（お問い合わせ用の郵便物を送って、登録内容を確認するなど）で判明し、警察の捜査《そうさ》対象になる。闇組織《やみそしき》に捜査《そうさ》の手がおよぶ前に、口座の名義人が事情聴取《ちょうしゅ》などを受けることが多い。また、金融《きんゆう》機関の口座を売ると、個人情報も流出してしまうことを強く肝《きも》に銘《めい》じておこう。

どんな犯罪？ 口座売買の場合

犯罪収益移転防止法違反《いはん》

1年以下の懲役《ちょうえき》または100万円以下の罰金《ばっきん》

犯罪収益移転防止法違反《いはん》第28条2項《こう》にて定められている。この法律は「反社会的勢力・組織的犯罪集団・テロリズム集団の資金源や収益移転ルートを断つこと」を目的に制定された。また、銀行に対しては詐欺《さぎ》罪《ざい》となる。

盗《とう》品《ひん》等《とう》有《ゆう》償《しょう》の処分のあっせん

10年以下の懲役《ちょうえき》および50万円以下の罰金《ばっきん》

刑法《けいほう》第256条2項《こう》に「盗品《とうひん》その他財産に対する罪にあたる行為《こうい》によって領得された物について、その有償《ゆうしょう》の処分のあっせんをした者を罰《ばっ》する」と定められている。口座売買をあっせんした場合、この法律の対象になる。

自分が使っていない
口座なのに……

連絡先《れんらくさき》のわかる知人は闇組織《やみそしき》にだまされているひとり

口座を不正利用した場合、罪に問われるだけでなく、自分の口座すべてが停止され、新たに口座をつくれなくなる。マンガでは闇《やみ》バイトをするかしないかの葛藤《かっとう》は、「先輩《せんぱい》の頼《たの》みを受けるか、断るか」にあった。ここで今一度、闇組《やみそ》織《しき》の編成（21ページ）を確認してほしい。バイトと接触《せっしょく》するのは、リクルーターや指示役だ。これらの人物とは、秘匿《ひとく》性《せい》の高いコミュニケーションアプリでのやりとりとなる。

よってマンガで勧誘《かんゆう》している先輩《せんぱい》は、これらに当たらない。リョウが摘発《てきはつ》されれば、おのずと先輩《せんぱい》へも捜査《そうさ》の手がおよぶのだ。断ったあとの人間関係に恐怖《きょうふ》を覚える人もいるだろう。しかし、闇《やみ》バイトの結末と比較《ひかく》すれば、その恐怖《きょうふ》の受け止め方は変わってくるはずだ。

闇《やみ》バイトアラート発動！

アラート 1 自分名義の口座を売った段階で処分対象

ダイレクトメールやSNSの広告などで、口座売買を勧誘《かんゆう》されるケースが多い。自分名義の口座を売った時点で犯罪収益移転防止法違反《いはん》となることを覚えておいてほしい。また他人になりすまして口座を開設すれば、詐欺罪《さぎざい》にもなる。自分の預金口座は利用を停止され、強制解約させられる。

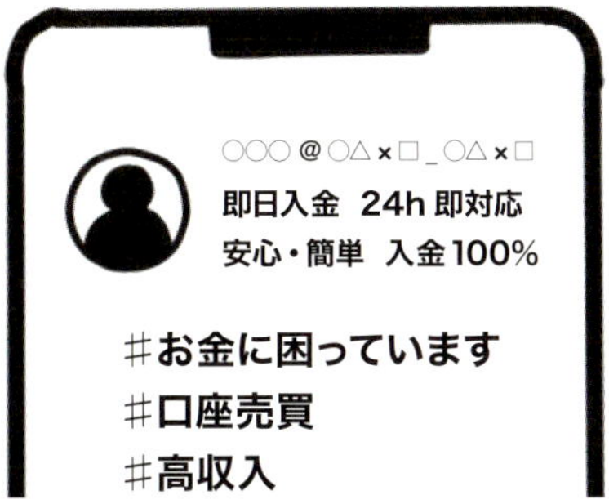
○○○@○△×□_○△×□
即日入金 24h 即対応
安心・簡単 入金100%
#お金に困っています
#口座売買
#高収入

アラート 2 口座開設後にあやしいと思ったらすぐに相談

口座を開設することは犯罪ではない。それを売るかどうかで悩《なや》んだら、保護者など大人に相談し、すぐに専門機関に連絡《れんらく》すること。自身が負うかもしれない罪を防ぐだけでなく、犯罪を未然に防ぐことにつながる。万一、口座を売ってしまった場合でも、すぐに相談すること。

● 相談機関

※相談機関の連絡先《れんらくさき》をP.156に掲載《けいさい》しています。

- 取引した金融《きんゆう》機関
- 全国銀行協会相談室・あっせん委員会
- 銀行とりひき相談所
- 警察
- 消費生活センター
- 弁護士

アラート 3 金融《きんゆう》機関の口座は個人情報である

口座売買は個人情報も伝えることになる。「ダークウェブ」という、一般《いっぱん》の検索《けんさく》サイトからではアクセスできない闇《やみ》サイトでは、個人情報が売買されている。個人情報が闇《やみ》市場《しじょう》に出てしまうと、どんなことに悪用されるかわからない。また、ネットバンキングなどで、個人情報を盗《ぬす》まれる被害《ひがい》も増えているのでとくに注意しよう。

● ウイルス感染のケース

ウイルスに感染させて、ネットバンキングのパスワードを盗《ぬす》み取る。

● フィッシング*のケース

偽《にせ》メールで偽《にせ》のネットバンキングのWebサイトに誘導《ゆうどう》し、さまざまな情報を入力させてパスワードや個人情報を盗《ぬす》み取る。

*実在の組織をかたって、ユーザーネームやパスワード、アカウントID、金融《きんゆう》機関の暗証番号などの個人情報をだまし取ること。

5話 スマホを代理で購《こう》入《にゅう》したら

韓国旅行 最高!!!
やっぱマコも来ればよかったのに～!
むぅ…
だって……
そんなお金ないし
マコ（18歳《さい》）
大学入学前の春休み中
あと1か月で大学生だよ!
おしゃれな服着たいし
バッグだって新しくしたい
だから早く……
バイト見つけないと!!
ぽ
シフト制
スタッフ急募！
高額支給
短時間
即日払い
初心者でも大丈夫！
スマートフォンを代理購入して頂くだけの簡単なおしごとです！
東都国際ツーリズム合同会社まで今すぐお電話を！
●●●-●●●-●●●●
資格不要 新着
スキマバイト株式会社
東京都 瀬田谷区 瀬田駅 徒歩3分
こっ
ツーリズム？
旅行会社
かな……？
即日払い？

着信中
さようでございます
当社は外国から来た旅行客へ携帯《けいたい》電話の貸し出しサービスを行っております
富山様には携帯《けいたい》電話の契約《けいやく》代行をしていただきその携帯《けいたい》電話をお送りいただいて
報酬《ほうしゅう》をおだしするという
ご契約《けいやく》1台につき3万円を支払《しはら》わせていただきます
3万円!?
いきなりオンライン説明会っていわれて身がまえたけど女の人だし感じもよさそう
はい?
すごい!! 1台で3万円って本当に……?
すみません……
あっ

ご購入《こうにゅう》いただいた 携帯《けいたい》電話は 端末《たんまつ》のみの利用で
契約者《けいやくしゃ》に 使用料金は いっさい 発生しません
新規の ご契約《けいやく》ですね
それなら 安心だな！
ふむ ふむ
携帯《けいたい》電話の契約書《けいやくしょ》は コピーしてお手元に 保管いただき
原本は本体と 一緒《いっしょ》に当社まで お送りください
では最後に こちらに ご署名と
ご捺印《なついん》を お願い いたします
3台契約《けいやく》すれば 9万円じゃん！
ありがとう ございました
これを送ったら 送付日と送料を アプリで報告……
いったん 送料をご負担 いただきますが
後日に 報酬《ほうしゅう》と一緒《いっしょ》に 支払《しはら》います ご了承《りょうしょう》ください
はいっ
たったの 1時間で 契約《けいやく》……

ってことは時給3万円！
きゃ〜っ!
契約《けいやく》も面倒《めんどう》じゃなかったし最高のバイトじゃん!!
さっ
早く発送しよ〜♪
3日後
入金がない……なんでなんで??
もう今日だけで10回は確認した!!
もや
何か間違《まち》《が》えた？
そんなことはないはず……
説明されたとおりにやったよねぇ
もやっ
……
…っ
ええい！
都国際ツーリズム
メール送信
ぴっ

はじめてのお取引ですと
新規登録にお時間を要することがございまして……
送料のご連絡《れんらく》は受け取っておりますので
登録が完了《かんりょう》次第報酬《ほうしゅう》と合わせて一括《いっかつ》で支払《しはら》わせていただきます
申し訳ございませんが今しばらくお待ちください
！
一括《いっかつ》？
じゃあ たとえば明日契約《けいやく》を増やしたらその分ももらえるってことだろうか……？
あのっ
登録の完了《かんりょう》前に新たにお仕事するのは大丈夫《だいじょうぶ》ですか？
もちろんでございます！

翌日
ご契約《けいやく》ありがとうございました
さっ
春休みの間にできるだけたくさん契約《けいやく》する！
ここまでは徒歩圏内《けんない》だもんね楽勝！楽勝!!
前のと合わせて4台
ってことは12万円の収入！
違《ちが》う街に行ってさらに契約《けいやく》を増やして……
これってもしかして永久機関じゃん！
そんなにお金あったらあのブランドのワンピも買えちゃうよ～!!

1か月が経った……
永久機関なんてなかった……!!
だまされた……
東都国際ツーリズム
該当のアカウントは存在しません
やっぱり楽してもうかるなんてウソだったんだ……
4台だけでやめといてよかった……
送料は痛いけど勉強代と思えば……

何はともあれ大学生活が始まった
お母さん ただいま～
おしゃれも化粧《けしょう》もしたい
おかえり なさーい
そのためにお金はほしい でも……
郵便が届いてるわよ 携帯《けいたい》会社みたいね
新生活は忙《いそが》しくてお金どころではない……
とても充実《じゅうじつ》している……
どれ どれ…
えっ!?

お支払い残高
320,000円
富山様
何これ!? 何これ!!
何かの間違《まちが》いだよね!? 私、こんなの使ってない！
!!
はっ
お支払い残高
560,000円
あのバイト……利用料金がかからないっていうのも
ウソだったんだ!!
私はすぐに警察に相談したが……
たとえ携帯《けいたい》電話の解約をしても支払《しはら》いには応じなければならないとのこと
そして、携帯《けいたい》電話の代理購入《こうにゅう》は「携帯《けいたい》電話不正利用防止法違反《いはん》」というれっきとした犯罪で
だまされたとか関係なく……
生まれてはじめて
犯罪者として社会から見られることに……

TURNING POINT

闇《やみ》バイトから身を守るターニングポイント

相手の印象だけで判断し、
契約《けいやく》内容を理解しないまま
依頼《いらい》されたとおりに動いた

仕事の説明を聞いて
少しでも疑問が生じたら
その時点でやめる

会社も人もすべてが偽物《にせもの》 安心させるための罠《わな》に気づこう

SNSやダイレクトメールでは、相手の姿が見えないので、警戒心《けいかいしん》を持ち続けやすい。一方、会社の所在が確認でき、礼儀《れいぎ》正しいスタッフとやりとりできたら、安心感を覚えてしまわないだろうか。マンガのマコはこのパターンにはまってしまった。闇組織《やみそしき》が架空《かくう》の会社をつくって、犯罪との関わりをみじんも感じさせないようにするのはよくあることだ。

転売された携帯《けいたい》電話は、闇組織《やみそしき》からの需要《じゅよう》が高く、犯罪行為《こうい》に欠かせない道具になっている。闇組織《やみそしき》は、違法《いほう》に入手した携帯《けいたい》電話をさまざまな犯行で使い捨てにする。契約者《けいやくしゃ》が別にいるので足がつかず、姿をくらますのも容易。お金をかけずに身代わりを立てられるのだから、犯罪者にとってこれほど都合のよい道具はないだろう。

闇《やみ》組《そ》織《しき》の狙《ねら》いと手口

販《はん》売《ばい》業者の対策の不備を利用

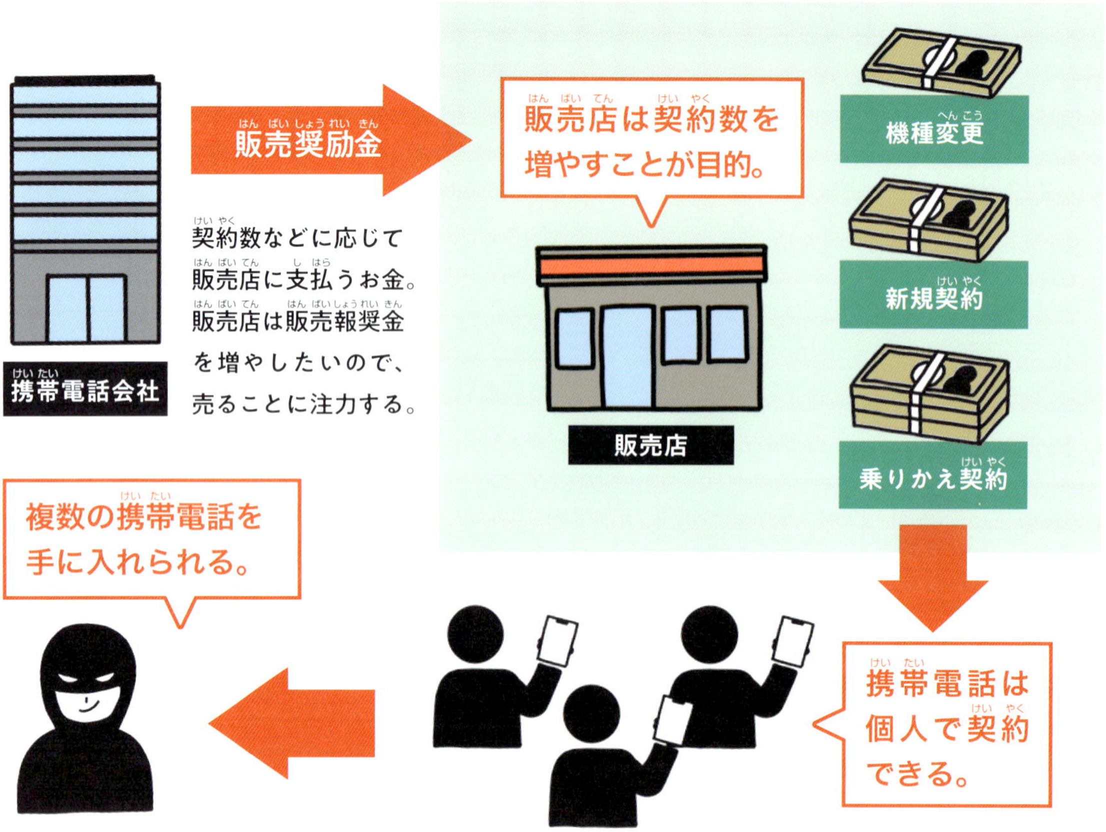

犯行に利用されるだけでなく契約者《けいやくしゃ》に多額の支払《しはら》いが発生

携帯《けいたい》電話の転売でも、回線契約《けいやく》のない機体のみの転売であれば犯罪にはならない。これは、契約《けいやく》情報が記録されているSIMカードが入っていない携帯《けいたい》電話である。一方、闇《やみ》バイトで求められているのは、SIMカードが入った状態の携帯《けいたい》電話だ。携帯《けいたい》電話の販売店《はんばいてん》が扱《あつか》うのはこちらで、転売目的が疑われる契約《けいやく》への対策は行われているが、本人契約《けいやく》であれば、疑うこともできない。

闇組織《やみそしき》は回線契約《けいやく》のある携帯《けいたい》電話を犯行に使用する。しかも、発生した通信費は、契約者《けいやくしゃ》に請求《せいきゅう》されるのだから質《たち》が悪い。契約者《けいやくしゃ》には、その費用を支《し》払《はら》う義務さえ生じる。請求書《せいきゅうしょ》が届くころには、闇組織《やみそしき》はその携帯《けいたい》電話を手放しているので、どうすることもできない。

闇《やみ》組《そ》織《しき》の実態を暴く！

■ 転売された携帯《けいたい》電話の使われ方

こう使う

リクルーター・指示役

闇《やみ》バイトの募集《ぼしゅう》や、面接、犯行指示などのやりとりで使用する。秘匿性《ひとくせい》の高いコミュニケーションアプリに切りかえるまでは、メッセージや通話履歴《りれき》が残るが、携帯《けいたい》電話の名義が本人ではないため、警察の捜査《そうさ》があっても特定されにくい。

こう使う

実行役

闇《やみ》バイトをする者に支給する。たとえば特《とく》殊《しゅ》詐欺《さぎ》のかけ子（P.22）が使用する。犯罪の被害者《ひがいしゃ》の携帯《けいたい》電話に電話番号の履歴《りれき》が残っていたとしても、組織に捜査《そうさ》がおよぶことはない。使い捨てなので、とにかく多くの台数が必要になる。

■ 違法《いほう》な金融《きんゆう》業者による詐欺《さぎ》

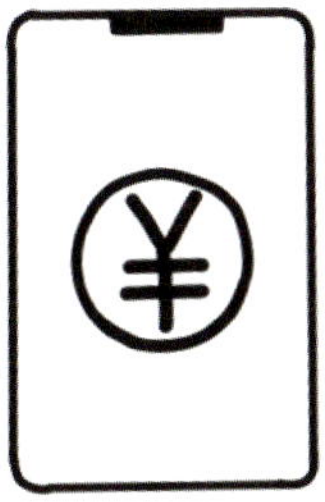

違法《いほう》な金融《きんゆう》業者が融資《ゆうし》の審査《しんさ》として携帯《けいたい》電話の送付を求め、奪《うば》い取る詐欺《さぎ》事件が多発している。返済の肩代《かたが》わりにされたり、中古の携帯《けいたい》電話販売《はんばい》業者へ転売されることもある。

その結果 → **携帯《けいたい》電話の契約《けいやく》のみが残る**

■ 海外に違法《いほう》売買される

闇《やみ》バイトで集めた携帯《けいたい》電話を海外の闇《やみ》組《そ》織《しき》に売って、資金源にすることもある。新品未開封《みかいふう》の携帯《けいたい》電話は高値で取引されるという。携帯《けいたい》電話は海外へ送られ、契約《けいやく》は国内に残ったまま。さらに、闇《やみ》バイトに報酬《ほうしゅう》を支払《しはら》わず、組織が姿を消す場合もある。

その結果 → **自分名義の携帯《けいたい》電話が外国に渡《わた》ってそれが犯行に使われる**

どんな犯罪？ 携帯《けいたい》電話の代理購入《こうにゅう》の場合

携帯《けいたい》電話不正利用防止法違反《いはん》

2年以下の懲役《ちょうえき》または300万円以下の罰金《ばっきん》

携帯《けいたい》電話事業者に契約者《けいやくしゃ》本人確認を身分証明書などに基づいて行うことを義務づけた法律。契約者《けいやくしゃ》が虚偽《きょぎ》の申告をした場合や、携帯《けいたい》電話事業者に無断で他人に譲渡《じょうと》した場合は違反行為《いはんこうい》となる。他人名義を譲《ゆず》り受けた場合も同様。

販売《はんばい》業者の取り組み

携帯《けいたい》電話事業者も携帯《けいたい》電話不正利用防止法の義務を怠《おこた》ると、違反行為《いはんこうい》となる。事業者によっては、ひとり一台しか契約《けいやく》できないという規制を設けているところがあるほか、各携帯《けいたい》電話会社は、携帯《けいたい》電話を販売《はんばい》する際、割引額に上限を設けるなどしている。

契約《けいやく》しただけで、自分は使っていないのに……

代理購入《こうにゅう》の最悪のシナリオでは被害者《ひがいしゃ》にはなり得ない

携帯《けいたい》電話の代理購入《こうにゅう》の闇《やみ》バイトでは、「①携帯《けいたい》電話が犯行に使われて被害者《ひがいしゃ》を生みだす。②闇《やみ》バイトの報酬《ほうしゅう》が支払《しはら》われない。③携帯《けいたい》電話の代金を負担する。④携帯《けいたい》電話の通信費を負担する。⑤自分の携帯《けいたい》電話の契約《けいやく》を解除され、新規契約《けいやく》できなくなる」という最悪のシナリオがある。しかも、自身は被害者《ひがいしゃ》ではなく、携帯《けいたい》電話不正利用防止法違反《いはん》による加害者（犯罪者）だ。

闇組織《やみそしき》はあの手この手を使って、落とし穴をつくり続けるプロだ。そのときに重要になるのが、考える時間があるかどうか。仕事内容をインターネットで調べたり、大人に相談したりすることを闇組織《やみそしき》は嫌《いや》がる。個人情報を渡《わた》しさえしなければ、闇組織《やみそしき》は遠ざかっていくはずだ。

闇《やみ》バイトアラート発動！

アラート 1 自分以外の人が使用するのは契約《けいやく》違反《いはん》

携帯《けいたい》電話事業者や販売店《はんばいてん》には、契約締結時《けいやくていけつじ》や譲渡時《じょうとじ》などに本人確認を行うことが義務づけられている。契約者《けいやくしゃ》の代理で契約《けいやく》する場合は、契約者《けいやくしゃ》や、委任された人の本人確認書類や委任状などが必要になる。友だちに携帯《けいたい》電話を貸すことも違反行為《いはんこうい》にあたり、トラブルの原因にもなる。

● 違法行為《いほうこうい》があると、その携帯《けいたい》電話会社と契約《けいやく》ができなくなる！

アラート 2 通信費の支払《しはら》い義務が残る

通話料などの通信費は、契約者《けいやくしゃ》以外の者が使用した場合でも、契約者《けいやくしゃ》自身に支払《しはら》い義務がある。仮に紛失《ふんしつ》したり盗《ぬす》まれたりして第三者が使用したとしても、契約者《けいやくしゃ》が管理責任を問われることになり、携帯《けいたい》電話会社は契約者《けいやくしゃ》に利用料を請求《せいきゅう》できる。

● 転売されても契約者《けいやくしゃ》が負担する

- 携帯《けいたい》電話本体の料金
- 通信費
- 解約にかかる費用

アラート 3 家族に携帯《けいたい》電話を貸すのも違法《いほう》

家族などの契約者《けいやくしゃ》以外の人が使用する場合は、契約者《けいやくしゃ》の本人確認、家族であることを証明するための書類、家族の本人確認書類が必要になる。携帯《けいたい》電話の名義を家族に変《へん》更《こう》する場合も必要書類を持って手続きしなければならない。企業《きぎょう》などの従業員用の携《けい》帯《たい》電話は法人契約《けいやく》となるが、その場合も使用者の本人確認書類が必要になる。

● 契約時《けいやくじ》に利用者欄《らん》がある！

子：契約者《けいやくしゃ》として登録

親：利用者として登録

闇の実態を知ることで
自分と誰かを守れる **2**

使い捨てにされた
闇バイトの実行役たち

検挙者の大半が、遊興費など目先の欲求で手をだした。
しかし、その目先の利益すらも得られていないのが現実だ。

CASE 1

指示役にお金を請求された

闇バイトで一時的に報酬を得たとしても、回収役にいったん集めるなどといった理由でお金を請求され、結局、報酬を得られない事例がある。闇バイトをする者が直接やりとりするのは、リクルーターや指示役。彼らもまた誰かしらの指示で動いている。闇組織の一部だけが利益を得ることができる構図なのだ。指示を拒むと脅迫されるという恐怖の二段がまえだ。

CASE 2

報酬が口座に振りこまれず

「次の仕事のあとに振りこむ」「まとめて振りこむ」といわれるが、一度も報酬を得られないまま、逮捕された人もいる。また、受け子などは指示された場所への移動費も自分で負担することが多い。中には日本各地を移動し、宿泊費を要した人もいる。報酬どころか、経費も支払われない。利用できなくなれば捨てる。これが、完全なる利己主義である闇組織の実態だ。

CASE 3

犯行グループに密告された

犯罪によって得たお金を持ち逃げした者が、闇組織に密告され逮捕される、というのもよくあるケースだ。秘匿性の高い連絡ツールのみでのやりとりのため、実行犯が逮捕されても組織に捜査の手はおよばない。また、なんらかの因縁をつけられて、闇組織から報酬を上まわるペナルティを巻きあげられた人もいる。お金を失うか、逮捕されるかの二択しかないのだ。

CASE 4

報復としてSNSでバラされた

闇組織から離脱した者は、組織から制裁行為を受ける。インターネット上で「詐欺犯罪者」とコメントのついた顔写真や身分証明書の画像がアップされることもある。こうした制裁の事実が、闇バイトをする者がぬけだせなくなる要因でもある。もちろん、自身や家族の生命の危険を感じさせる脅迫は、日常的に行われている。個人情報を握ることで、逃げ道を遮断するのだ。

3

自ら相手を陥《おとしい》れる闇《やみ》バイト

6話 パパ活から脅《きょう》迫《はく》グループの一員に

サエは最近どう？
パパ活やってる？
たまにやってるよ
ランチと散歩で1万円もらって18時には帰る
徹底《てってい》してる〜
まあトラブルは怖《こわ》いもんね！
アヤはどうなのよ？
彼《かれ》氏《し》ができたらダメでしょ
大学生だけど実家がお金持ちだからいろいろ買ってくれるんだ〜
ハァー…
いーなー
急にパパ活がめんどうに感じてきたわ
何百万かあれば私もやめられるんだろうけどなあ

お金につられて変なことをするんじゃないよ！
しないよー あっ 新しいパパからメッセージがきてる……
まあほどほどにね！
あっ
さっきのパパに連絡《れんらく》返すの忘れてた
母より
ランチ 1枚 OK
じゃあ13時に新横デパート9階で門限があるから17時までね ーエコー ……っと、この名前でいいかな
タプタプ
デパートは安全 その周辺も治安いいし人もたくさんいるから
トラブルに巻きこまれることはない

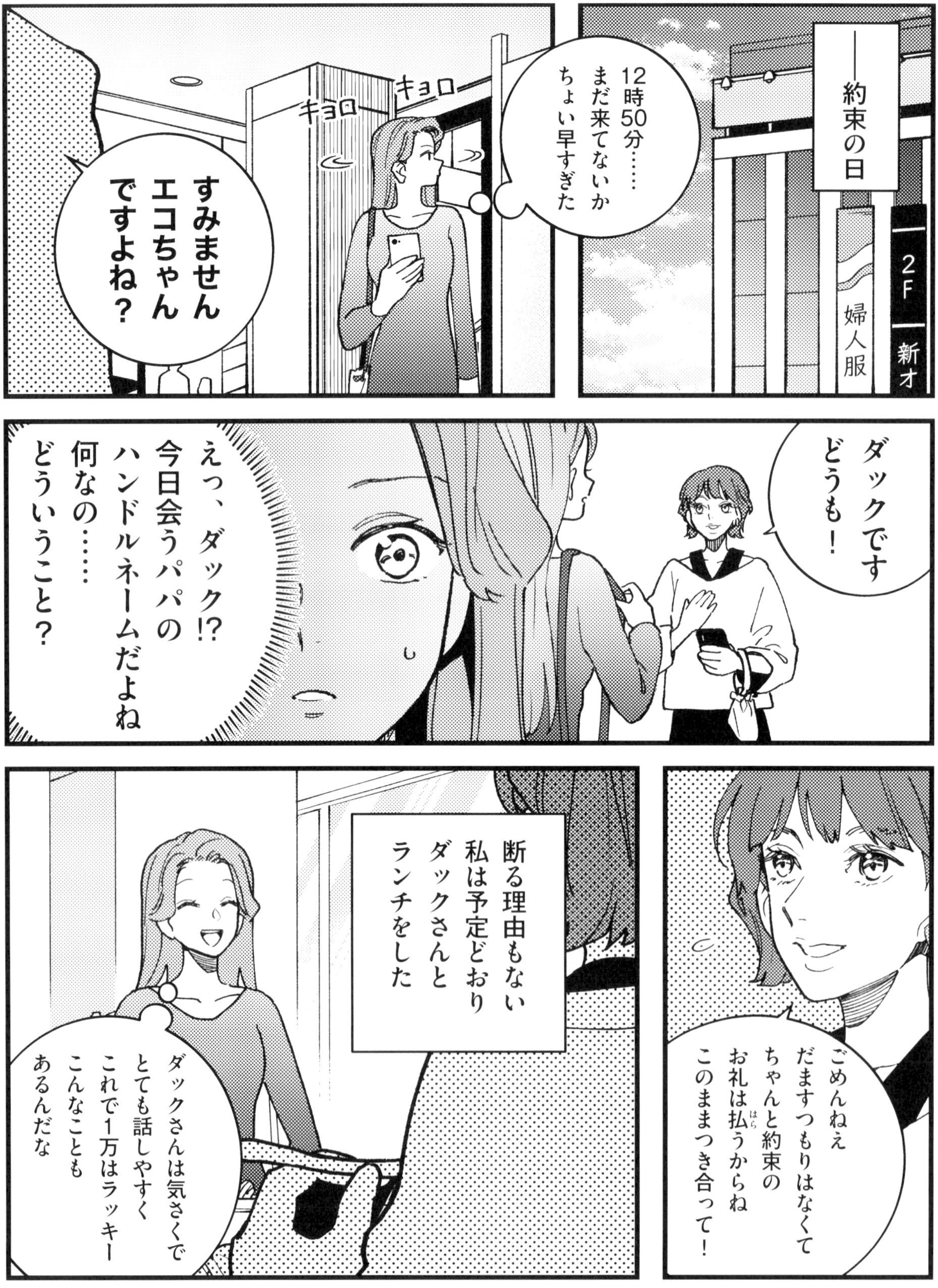
——約束の日
2F
婦人服
新オ
12時50分……
まだ来てないか
ちょい早すぎた
キョロ
キョロ
すみません
エコちゃん
ですよね？
ダックです
どうも！
えっ、ダック!?
今日会うパパの
ハンドルネームだよね
何なの……
どういうこと？
ごめんねえ
だますつもりはなくて
ちゃんと約束の
お礼は払《はら》うからね
このままつき合って！
断る理由もない
私は予定どおり
ダックさんと
ランチをした
ダックさんは気さくで
とても話しやすく
これで1万はラッキー
こんなことも
あるんだな

ねえ、エコちゃん
今後もパパ活を
続けていくつもり？
提案なんだけど……
……私と
組んでみない？
これも縁《えん》だから
それは
パパ活を
利用して
パパを脅迫《きょうはく》し
お金をもらうと
いう話だった
今より簡単に
もっと
かせげるよ
ちょっと多めに
援助《えんじょ》してもらうだけ
心配することは
ないわ……
危なくなったら
私の仲間が
助けに入るから
これからの
連絡《れんらく》は
アプリで
しようね
あっ
はい……
あと
念のため
何かあった
ときのために
あなたの
連絡先《れんらくさき》も
知って
おきたいの
学生証とか
持ってる？
ドビクッ
ごめんねー
仲間への報告に
使うだけだから
これでよし！
ふたりで
バンバン
かせごうね!!
カシャ
断りたかった
でもダックさんには
逆らえない
何かがあった……

——数日後
ピコンッ
あっ ダックさんからのメッセージ
この画像を使って募集して!
どうしよう やっぱり怖《こわ》い 思いきって……
すみません やっぱり私には無理です
えー、急に困るよ 仲間にも伝えちゃったし それにあなたの名前も学校も全部、知ってるんだからね
援助交際してるって いつでも学校にも親にも連絡できるんだよ 1回やってみようよ
本当にすみません 許してください
ダックさんの言葉におびえた私は 1回だけということで 応じることに……
ターゲットは すぐにあらわれた
——数日後 私は指示どおり ターゲットに会い 目的地へ誘導《ゆうどう》した
ホテル ひとやすみ
ホテルに入ってから 部屋に行く前に出る ターゲットは 私を追いかけてくる

すべては予定どおりだった ダックの仲間がターゲットを取り囲み脅迫《きょうはく》していた
サエちゃん！ お疲《つか》れ〜 報酬《ほうしゅう》の２万円ね!!
平気だったでしょ!? この調子でもっとかせごうねえ また連絡《れんらく》するからね！
はい……
それから ダックさんからの指示はどんどんエスカレートしていった
ホテルの部屋でターゲットにつめ寄って脅迫《きょうはく》したり
ターゲットの目をぬすんで財布からお金をぬいて逃《に》げたり
ふと気づくと私の手は犯罪で染まっていた 限界だった……

すみません、これ以上は
続けられません
もう許してください
あら、残念
わかったわ
でも、あと1回だけ協力して
それで最後にするからね!!
えっ　やった!!
これでもう解放される
あと1回やれば
自由になれるんだ！
――数日後
最後のパパ活
これで
終われる……
いつものように
ターゲットと
ホテルに入り
すきを見て
すぐに外に出た
よし！
出てきた！
さあ、こっちを
追いかけ……
!!
えっ!?
どうして
そっちに？
ガッ

ターゲットは その場から 逃《に》げていった
ダックさんの仲間は 追いかけようとしたが すぐに諦《あきら》めて どこかへ 行ってしまった
ダックさんを探したけれど 彼女《かのじょ》の姿は どこにもなかった 私は体が動かなかった……
ターゲットは 警察にかけこみ 残された私は 警察に捕《つか》まった
警察にこれまでの経緯《けいい》を 一部始終話した 脅迫罪《きょうはくざい》、窃盗罪《せっとうざい》……
でもダックさんや その仲間たちが 逮捕《たいほ》されたという話は 聞いていない……
ランチのみでOK！　ぜひ会いましょう!!
食事やデートをして お金をもらうことは 犯罪にはならない
それでも私は パパ活をしたことを 後悔《こうかい》した
なぜなら 私のような人が 闇組織《やみそしき》のカモに なるからだ

TURNING POINT

闇《やみ》バイトから身を守る ターニングポイント

面識のない人に
ひとりで会って
個人情報を伝えてしまった

会おうと誘《さそ》われても
自分ひとりでは
絶対に判断しない

自分だけは大丈夫《だいじょうぶ》という過信が危険を呼び寄せる

出会い系は、インターネットの発展にともない、Webサイト、アプリ、SNSと多様化している。「大人同士」の出会いから、「未成年者同士」「大人と未成年者」というように、利用者の年齢層《ねんれいそう》も幅広《はばひろ》い。未成年者が大人におこづかいや物品のプレゼントをもらうことを「パパ活」とか「ママ活」という。この行為《こうい》自体は違法《いほう》ではないことから、面識のない人と直接会うことへの抵抗感《ていこうかん》が弱まっている背景もある。

しかし、出会い系のサービスにトラブルはつきものだ。出会った人から直接被害《ひがい》を受けることもあれば、なんらかの形で犯罪に巻きこまれることもある。マンガのサエが巻きこまれたのは闇《やみ》バイトで、相手の目的は最初から犯行への利用だったわけだ。

闇《やみ》組《そ》織《しき》の狙《ねら》いと手口

パパ活が犯罪に利用される流れ

- 個人情報を入手して弱みを握《にぎ》る
- 秘《ひ》匿《とく》性《せい》の高いコミュニケーションアプリで指示をだす
- 犯行グループの一員にさせる

こんなことをさせられる！

詐《さ》欺《ぎ》　脅《きょう》迫《はく》　窃《せっ》盗《とう》　売春

闇《やみ》組《そ》織《しき》は、自分たちの手を汚《よご》すことはない！

危険察知能力が低く弱みを持つ人が好都合

闇《やみ》組《そ》織《しき》が恐《おそ》れること、それは警察に逮《たい》捕《ほ》されることだ。そのきっかけをつくるような人物との接《せっ》触《しょく》は避《さ》けたい。だから、自身にリスクがおよばず、道具のように利用できる人物を探すことが、闇《やみ》組《そ》織《しき》にとって重要になる。

闇《やみ》組《そ》織《しき》はSNSを人探しの場にしている。たとえば、パパ活をしているような人物は有力なターゲットだ。なぜなら警《けい》戒《かい》心《しん》が弱い傾《けい》向《こう》にあるから。また、パパ活自体に違《い》法《ほう》性《せい》はないとしても、社会的にはネガティブな印象があるため、弱みとしてつけこみやすい。個人情報さえつかめば、家族や学校に簡単に情報を拡《かく》散《さん》することができる。

こうしたやり口を「パパ活狩《が》り」ともいう。利益を得るのは、闇《やみ》組《そ》織《しき》だけなのだ。

闇《やみ》組《そ》織《しき》の実《じっ》態《たい》を暴《あば》く！

■ 闇《やみ》組《そ》織《しき》が《が》行うパパ活狩り

こんな犯罪につながる可能性がある！

- 未成年者略《りゃく》取《しゅ》・誘《ゆう》拐《かい》罪
- 児童ポルノ禁止法の違《い》反《はん》
- 児童福《ふく》祉《し》法の違《い》反《はん》
- 児童買春禁止法の違《い》反《はん》
- 淫《いん》行《こう》条例（青少年保護育成条例）の違《い》反《はん》
- 売春防止法の違《い》反《はん》
- 不同意性交等罪
- 不同意わいせつ罪
- 性的姿態等撮《さつ》影《えい》罪

パパ活のターゲットが
罪を犯すように誘《ゆう》導《どう》する

↓

闇《やみ》バイトの特《とく》徴《ちょう》

- 大きな危険をともなう
- 自分が被《ひ》害《がい》者《しゃ》であり
加害者の構図

闇《やみ》組《そ》織《しき》はこれらを弱みとして利用する！

闇《やみ》組《そ》織《しき》が狙《ねら》う相手は、パパ活をする男性だ。ただ、恐喝《きょうかつ》するだけでは警察に通報されたり、暴れられたりする可能性がある。そこで、パパ活をする女性が、相手に犯罪行為《こうい》（上記）をさせるために誘《さそ》う役割を担う。闇《やみ》組《そ》織《しき》はターゲットから金銭を奪《うば》い取り、その一部を女性にバイト代として手渡《てわた》すシナリオだ。なお、恐喝《きょうかつ》実行犯も闇《やみ》バイトのケースがある。

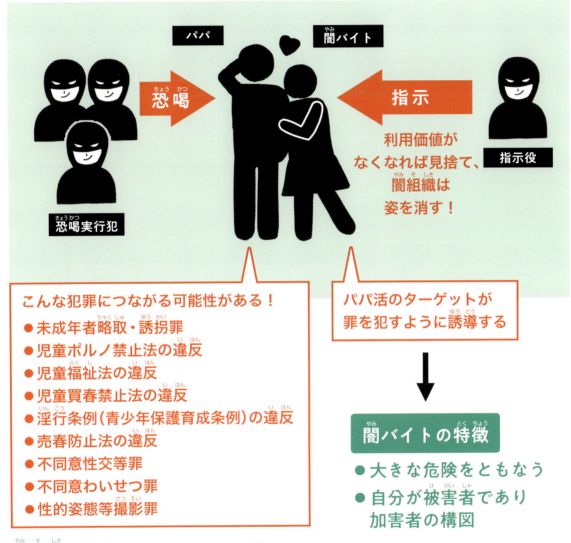

どんな犯罪？ 恐喝《きょうかつ》の場合

恐喝罪《きょうかつざい》

10年以下の懲役《ちょうえき》

刑法《けいほう》第249条で、「人を恐喝《きょうかつ》して財物を交付させた者」の処罰《しょばつ》を定めている。暴行・脅迫《きょうはく》の程度が強度の場合は強盗罪《ごうとうざい》に該当《がいとう》する。直接恐喝《きょうかつ》していない場合でも、その準備をした者は強盗《ごうとう》予備罪（刑法《けいほう》第237条）に該当《がいとう》する。

窃盗罪《せっとうざい》

10年以下の懲役《ちょうえき》、または50万円以下の罰金《ばっきん》

刑法《けいほう》第235条で「他人の占有《せんゆう》する財物を窃取《せっしゅ》した者は、窃盗《せっとう》の罪」と定められている。14歳《さい》以上で罪を犯した者は「犯罪少年」に分類され、家庭裁判所で調査または審判《しんぱん》がくだされる。

詐欺罪《さぎざい》

10年以下の懲役《ちょうえき》

刑法《けいほう》第246条に定められた犯罪。未成年者の場合、知識や考えの不足、判断能力が不十分ということも考慮《こうりょ》されるが、審判《しんぱん》がくだされることもある。家庭裁判所で調査または審判《しんぱん》の結果、少年院送致《そうち》などの決定がくだされることになる。

パパ活がこんなことになるなんて……

ネットでは本性が見えない 自分自身にセーフティネットを！

男女が共謀《きょうぼう》して恐喝《きょうかつ》をする犯行は昔からあり、「美人局《つつもたせ》」とも呼ばれる。多くのケースでは、女性がターゲットをだまし、男性が恐喝《きょうかつ》するパターンだ。そのだまし役として、パパ活をしている女性が、闇組織《やみそしき》に目をつけられることがある。闇組織《やみそしき》からダイレクトメールで勧《かん》誘《ゆう》されることもあれば、パパ活の相手役になりすましておびき寄せられることもある。AIの発展で画像や動画を簡単に偽造《ぎぞう》できる今日、なりすましは容易だ。見ず知らずの相手に会うのは危険。パパ活は違法《いほう》ではないが、危険性が極めて高いことを理解しておこう。

SNSやアプリは、誰《だれ》が見ているかわからない。闇組織《やみそしき》が反応する内容のネット発信はつつしもう。自由に発信できるネットで守ってくれる人はいない。

闇《やみ》バイトアラート発動！

アラート 1 SNSやアプリでは内容を確認してから発信する

いつでもどこでも情報を発信できるのが、SNSやアプリの魅力《みりょく》である。発信する情報を全体公開にしていれば世界中の人とつながることができる。ただ、見る人を選べないのが全体公開の怖《こわ》さである。公開することを選ぶ場合は、発信内容を慎重《しんちょう》すぎるくらい確認するべきだ。それができない人は、友だちだけなど、限定公開の設定にしておきたい。

●発信するかどうかの判断基準

- 声にだして読んでもはずかしくない？
- 保護者や学校に知られても問題ない？
- 本当に今、発信するべき？

アラート 2 面識のない人にひとりで会わない

危険だとわかっているところに、ひとりで出かけるだろうか？ 面識のない人が必ずしも危険だとはいえないが、危険ではないという確証も持てないはずだ。絶対にひとりで、そして子どもだけで会わないこと。また、マッチングアプリでもトラブルが起きている。未成年者は登録できないルールなので注意しよう。

●マッチングアプリの危険を回避《かいひ》

- 未成年者でも登録できるアプリは利用しない
- 年齢《ねんれい》を偽《いつわ》って登録しない
- アプリを利用するときは、保護者の同意をもらうこと

アラート 3 偽客《にせきゃく》、偽行為《にせこうい》をする「サクラ」が存在する

お客さんを装《よそお》ってお店やイベントを盛りあげる人を俗《ぞく》に「サクラ」という。マッチングアプリでもサクラが存在していることがあり、トラブルが発生している。AI技術を使えば、画像や動画も偽造《ぎぞう》でき、別人になりすましてやりとりもできる。それを見破るのは容易ではない。だまされないためには、利用しないのが最善策だ。

7話 違法《いほう》マルチ商法で友人関係がこわれる

なあ
今の店員って
大学で
見たことない？
いつもひとりで
え～と
あんな感じのやつ
いっぱいいすぎて
見分けつかんわ
ありがとう
ございました
ぎばは
ヨシオ（21歳《さい》）
大学生
コンビニ店員（アルバイト）
大学生活に
期待していた
東京の大学に
行けば
お疲《つか》れさま
でしたー
おつかれ
でーす
自分も自動的に
都会の人間に
なれると
思っていた
22:03
7月28日 土曜日
RAIN
ユウイチ：今度東京行くからひさしぶりに
遊ばん？
でも現実はただの
ひとりぼっちに
なっただけ……
そんなとき
高校の同級生だった
ユウイチから
連絡《れんらく》がきた

数日後――
大学？
そんなのとっくにやめちゃったよ仕事ができたからな
わははっ
といっても朝いちに株価をチェックして
それで一日の業務は終わり月に100万はかせいでるかな
画面で見る数字だけだからあんま実感ないけどさ
100万!?すごっ!!
あ～あ
ユウイチも変わったんだな
昔さあ
18切符《きっぷ》で日帰りカビバ行ったじゃん
!!

ああいうのが
急になつかしく
なっちゃって
また一緒《いっしょ》に
なんか
やりてーなあって
友だちって高校が
ピークじゃね!?
おまえも!?
やばっ!
もう行かないと
約束あったんだ
なあ……
ヨシオも
一緒《いっしょ》に投資
やってみないか?
今しか
ないぜ!
2日後――
高級ホテルの
ラウンジに
ヨシオはいた

はじめまして
盛口《もりぐち》といいます
ヨシオさんは
金融《きんゆう》ビジネスに
興味があるの？
興味って
いうか……
経済のこと
無知なんで
投資とか
ちょっとでも
知れたらって
感じで……
わわっ
すごい
勉強熱心！
そんな
大それた……
本当に何も
知らないんです
心配すること
ないんだって
これさえあれば
大丈夫《だいじょうぶ》なんだよ！
USB……!?

そう！
この中には
投資のノウハウが
全部つまってるの
初心者向けで
AIの予測に
従うだけで
絶対に
もうけが出る
ってわけ!!
ちなみに私は
このUSBを
使って
今年は
年商1億に
届きそう
ふふ
最近本も
出しちゃったのよ
……億!?
それだけの
ものなら
高いんじゃ……
そうね
56万円よ！
はっ！
でも……
投資を学ぶのに
かかる時間を考えれば
費用対効果は
十分高いって
断言できるわ
ヨシオは
オレなんかより
頭がいいから
絶対にもうかると
思うんすよね〜
……っ

ちょいちょい
なんでおまえが
自慢《じまん》げなんだよ！
あはは
すまん！
つい……
思っていたほど
高くはなかった
それより
ユウイチにまた
こうして
誘《さそ》われたのが
本当にうれしかった
はい
契約書《けいやくしょ》
大事にしまって
おいてね
ちょうど
セミナーの日で
よかったわ
会場にある料理は
自由に食べてね
すごっ！
オレくらいの
年齢《ねんれい》のやつも
いっぱいいる
ざわ
ざわ
やっぱ
投資って
もうかるんだ
……
ヨシオ！
おまえすげーな
56万を一括《いっかつ》かよ！

バイト代をためてたからな
みなさーん！もうかってますかーー!!
ぱっ
おっ！
ここでベストセールスの発表です！
!?
キターーッ
ワアッ
ベストセールス……って？
あれっ？いってなかったっけ!?
USBを人に紹介《しょうかい》すると謝礼で10万円がもらえんだよ！
第1位は先月に続いて盛口《もりぐち》さんです！
ワアアアアア!!
！
ぱっ
盛口《もりぐち》さんすげーよなあ月50本くらい売ってるってよ
オレも早くあそこに立ちてえ～

セミナーの帰り際のこと――
ヨシオさんも大学の友だちに紹介《しょうかい》してみてね
大学3年にもなれば声かけられるやつが何人かいるだろ!?
なんか違《ちが》う……
投資セミナーじゃなかったなユウイチも昔と違《ちが》う……
だいたい紹介《しょうかい》っていわれてても友だちなんて
高校時代がピークだって……
はっ
!?
投資 USB
すべて ニュース 画像
高額USBメモリー販売事
業務停止命令
知人や友人から投資で儲ける方法があ
び出され高額USBを買わされる事例が後
その心理とは…
『必ず儲かる』
ウソだろ
これって……まさかユウイチのやつ……

次の日 弁護士に相談して
クーリング・オフの
手続きをしてもらった
少し時間はかかったけれど
2年分のアルバイト代は
戻《もど》ってきた
ただ戻《もど》らない
のは……
そうだよな
ブロック
されてるか
ユウイチ
こそ遅刻すんなよ！笑
また夜にな〜
19:26
8/10
未読
20:30
USBクーリングオフしたよ
せっかく紹介してくれたのに
ごめん
投資？
紹介《しょうかい》？
紹介《しょうかい》したら
10万円だっけ
オレは……
そんなの
わりに合わねえと
思うよ
ユウイチ……

TURNING POINT

闇《やみ》バイトから身を守るターニングポイント

誘《さそ》われるがまま
内容を理解せずに
安易に決断してしまった

契約《けいやく》する前に
必ず大人に相談する
ネットでも十分に調べる

心のすきにつけこんで人間関係を崩壊《ほうかい》させる

ダイレクトメールやSNSの広告など、不特定多数に向けて募集《ぼしゅう》をかける闇《やみ》バイトが多い中、マルチ商法は知人から勧誘《かんゆう》されるという特性がある。マルチ商法自体は違法《いほう》ではないが、商売を営むうえで、勧誘《かんゆう》方法や商品内容などに、違法性《いほうせい》が認められた場合、犯罪となるケースがある。こうした性質から、合法であるように見せかけた新手のマルチ商法が出てきている。マンガのヨシオが勧《かん》誘《ゆう》されたのも、合法と違法の境界にあるような闇《やみ》バイト。そして、合法に見せかけようとしたのが、友人だったのだ。

信頼《しんらい》を裏切る友人の行為《こうい》は許されるものではないが、その状況《じょうきょう》を生みだしているのも闇組織《やみそしき》といってよいだろう。闇《やみ》組織《そしき》が利益を増やせば増やすほど、多くの人間関係が崩壊《ほうかい》していく。

闇《やみ》組《そ》織《しき》の狙《ねら》いと手口

「マルチ商法」で組織に誘《さそ》いこむまでの流れ

ニセ情報（フェイク）に注意を！

- ダイレクトメール、SNSの広告、知人による勧《かん》誘《ゆう》
- 盛大なパーティーやセミナーに招待して安心させる
- 契《けい》約《やく》を結び、高額請《せい》求《きゅう》をする

十分な説明のない、執《しつ》拗《よう》な勧《かん》誘《ゆう》は、

悪徳商法 といわれる。

特別感を強調することで思考力を低下させる

マルチ商法とは、商品やサービスの契《けい》約《やく》をして、販《はん》売《ばい》組織の一員にさせ、別の客を勧《かん》誘《ゆう》させるという、連《れん》鎖《さ》的《てき》な取引のこと。特定商取引法の規制対象で、禁止行《こう》為《い》をした場合は犯罪だ。たとえば商品がないのに契《けい》約《やく》して、報《ほう》酬《しゅう》のみを得るような商法は違《い》法《ほう》。「無《む》限《げん》連《れん》鎖《さ》講《こう》」（俗《ぞく》称《しょう》「ねずみ講」）という。

闇《やみ》組《そ》織《しき》は、形だけでも商品を用意して、合法なマルチ商法を装《よそお》う。その詐《さ》欺《ぎ》行《こう》為《い》は勧《かん》誘《ゆう》から始まる。「今だけ」「あなただけ」といった文句で特別感を演出し、派手なパーティーやセミナーに参加させる。そして、参加者が安心し、思考力が低下したところで高額商品を契《けい》約《やく》させるのだ。自身が知人を勧《かん》誘《ゆう》するのは難しく、契約者は粗《そ》悪《あく》な商品を購《こう》入《にゅう》しただけとなる。闇《やみ》組《そ》織《しき》に損失はない。

闇《やみ》組《そ》織《しき》の実態を暴く！

■ 合法と違《い》法《ほう》の境界線で活動する！

悪質なマルチ商法を行う闇《やみ》組《そ》織《しき》

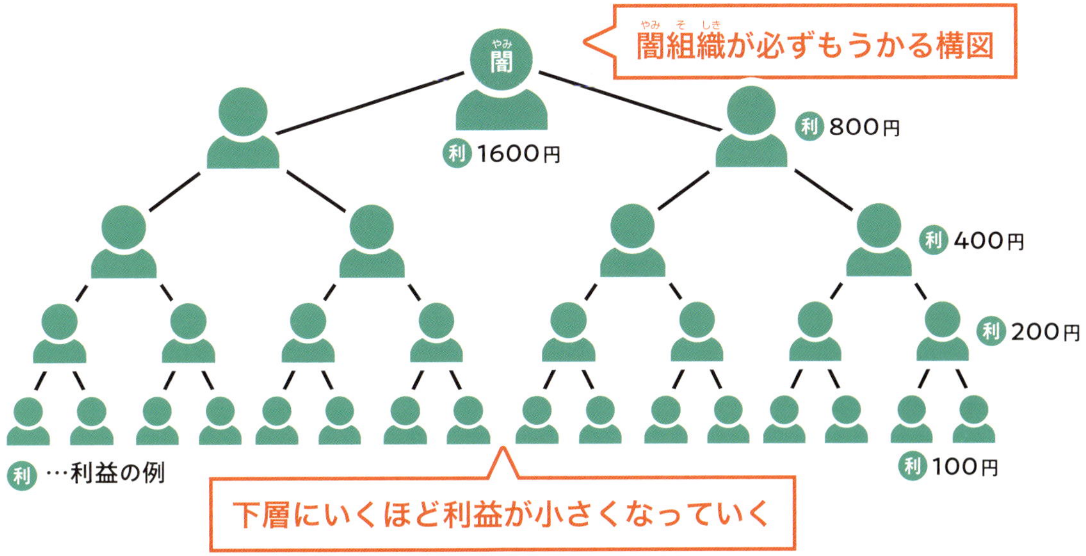

闇《やみ》組《そ》織《しき》が必ずもうかる構図
闇《やみ》
利 1600円
利 800円
利 400円
利 200円
利 100円
利 …利益の例
下層にいくほど利益が小さくなっていく

ピラミッド形の組織図になっており、下層にいけばいくほど、契《けい》約《やく》を取っても報《ほう》酬《しゅう》が小さくなる。多くの契《けい》約《やく》を取らなければ、自身が契《けい》約《やく》した費用分を取り返せないため、強引な勧《かん》誘《ゆう》や、相手をだますなどの行《こう》為《い》が発生しやすい。

	マルチ商法／ネットワークビジネス	ねずみ講（詐《さ》欺《ぎ》）
別名	MLM （マルチレベルマーケティング）	マルチまがい商法
法律上	合法なビジネス	違《い》法《ほう》組織
商品	販《はん》売《ばい》する商品は流通していて、 注文後は確実に届く	販《はん》売《ばい》する商品などがない あっても粗《そ》悪《あく》品《ひん》
入会金 （商品ふくむ）	安い	高い
収入	ビジネスを始めた時期に関係なく 商品の流通を拡大した人がもうかる	運営者や、早い段階で入会した 一部の人だけがもうかる

合法であるマルチ商法は、「ネットワークビジネス」とも呼ばれるが、合法を装《よそお》った投《とう》資《し》詐《さ》欺《ぎ》というケースもある。闇《やみ》組《そ》織《しき》は契《けい》約《やく》者《しゃ》が支《し》払《はら》う費用で収益を得られるだけでなく、契《けい》約《やく》者《しゃ》を通じて別の人に契《けい》約《やく》させることで、収益を増やせる。

どんな犯罪？ 違法《いほう》勧誘《かんゆう》の場合

詐欺罪《さぎざい》

10年以下の懲役《ちょうえき》

未成年者がマルチ商法の契約《けいやく》をするには、基本的に法定代理人（親権者など）の同意が必要。2022年4月に成人年齢《ねんれい》が18歳《さい》に引き下げられたことで、18歳《さい》、19歳《さい》も法律では厳罰化《げんばつか》される。また、不正に勧誘《かんゆう》するだけで特定商取引法違反《いはん》となり、処罰《しょばつ》の対象になる。

合法だったとしても……

人間関係がこわれる可能性がある！

高額な契約《けいやく》を取り交わすと、紹介《しょうかい》による報酬《ほうしゅう》で取《と》り戻《もど》そうという心理になる。うまくいかなければ精神的に追いこまれ、違法《いほう》な勧誘《かんゆう》をして知人を巻きこむことに。そうなるとこれまでのつき合い方ができなくなってしまう。

投資した分も
戻《もど》ってこないのに……

被害者《ひがいしゃ》意識は通用しない 知人を勧誘《かんゆう》する加害者である

若者をターゲットにした違法《いほう》なマルチ商法が横行している。これに手をだしてしまうと被害《ひがい》を受けるだけでなく、別の人を不正に勧誘《かんゆう》することで、特定商取引法違反《いはん》となり、詐欺罪《さぎざい》に問われることにもなる。あやまって契約《けいやく》した場合は、「クーリング・オフ」という契《けい》約《やく》の申しこみを撤回《てっかい》できる制度を利用しよう。もちろんこうした事態になる前に、きちんと断ることが重要だ。

断るときは、理由をつけずにくり返し断り続けるとよい。勧誘《かんゆう》する者は、断る人への対処法を知っているからだ。その場で断れずに返事を先送りした場合は、その勧誘《かんゆう》内容について調べたり、大人に相談したりすること。断る決断ができるだけでなく、断り方も考えられるはずだ。

闇《やみ》バイトアラート発動！

アラート 1 理由をつけずに「やりません」と伝える

友人からの勧誘《かんゆう》だと、断り方に迷うだろう。「お金がない」と理由づけすれば、「すぐに取《と》り戻《もど》せるよ」とか「ローンを組めるよ」といわれ、断る理由がなくなってしまう。「本当にもうかるの？」と質問すれば、パーティーやセミナーに誘《さそ》われることになる。相手の術中にはまらないためには、理由をつけずに断り続けるのが一番だ。

自信がない……
今はいい
大丈夫《だいじょうぶ》、フォローするよ！
このチャンスを逃《のが》すともったいないよ！

アラート 2 契約《けいやく》しても大人に相談してクーリング・オフを！

いったん契約《けいやく》の申しこみや締結《ていけつ》をした場合でも、一定の期間内であれば、無条件でそれらを撤回《てっかい》できる「クーリング・オフ」という制度がある。連鎖販売取引《れんさはんばい》に該当《がいとう》するマルチ商法にもクーリング・オフを利用できる。連鎖販売《れんさはんばい》取引で制度を行使できる期間や方法を確認しておこう（右記）。

● クーリング・オフが可能な期間

契約《けいやく》の書面を受け取った日から20日以内

※一定の条件を満たせば、クーリング・オフの期間を過ぎても契約《けいやく》を解除できる場合がある。

● 利用方法

書面（書留郵便など）や電磁的記録《でんじてききろく》（メールなど）で契約先《けいやくさき》に送る。トラブルを避《さ》けるために記録に残るようにしておくこと。

アラート 3 違法性《いほうせい》がないように見えても慎重《しんちょう》に

商品の価値をほかの人にも紹介《しょうかい》して、商品を流通させることは、悪いことではない。昨今《さっこん》、投資や副業サービスのネットワークビジネスも増えている。これらには、商品・サービスに価値があるか、勧誘《かんゆう》が適正に行われているかなど、違法性《いほうせい》の判断が難しい側面もある。マルチレベルマーケティング（MLM）とも呼ばれる。

● マルチ商法の商品やサービス事例

健康食品、化粧品《けしょうひん》、日用品

投資学習教材（USBデータなど）

アンケートなどの副業

闇の実態を知ることで
自分と誰かを守れる **3**

闇バイトが関わった
特殊詐欺の被害者

被害者の生活や人生を第一に考えるべきだ。だまされた人たちは、
過酷な状況に追いこまれ、その苦しみは続いている。

CASE 1

老後の生活資金を失った

子どもや孫がトラブルに巻きこまれ、その解決策として金銭を要求される詐欺被害があとを絶たない。被害者は高齢者が多く、だまし取られたお金は、老後の生活費であることも。長い期間をかけて少しずつ貯めたお金を一瞬で失う。そこに闇バイトが加担しているのだ。目先のお金ほしさで、罪なき人の人生を奪うこともあることを覚えておいてほしい。

CASE 2

精神と家族関係がこわれる

特殊詐欺への注意喚起がされる中、だまされた人が家族から責められ、精神を病んでしまうことも少なくない。資産を失ったことで、先の生活への不安から気落ちしてしまうなど、お金だけでなく、日常生活も奪われてしまうのだ。闇バイトで検挙された者はみな後悔しているが、それで被害者が報われることはない。闇バイトは人々の心を踏みにじる行為なのだ。

CASE 3

責任を感じて死を選ぶ

お金をだまし取られた被害者が、自責の念から命を絶った事例がある。そうなればさらに遺族も自分を責めることに。犯罪行為による被害は、二次被害、三次被害につながる恐れがある。だまされたお金が戻ってこないどころか、被害者は平穏も取り戻せない。闇バイトをするリスクとともに、闇バイトによって害を被る人がいることを頭に入れてほしい。

CASE 4

だまし取られたお金は借金したもの

闇組織が手に入れたお金は、被害者がすぐに用意できたものとはかぎらない。借金をしてお金をつくった人もいれば、会社名義の口座からだまし取られた人もいる。当然、その返済は長く続く。闇バイトは、誰かに借金を肩代わりさせているようなもの。「知らなかった」ではすまされない。なぜなら、被害を受けたあとも借金で苦しんでいる人がいるのだから。

4

知らなかったではすまされない闇《やみ》バイト

8話 年齢《ねんれい》を偽《いつわ》って夜の世界に入り

親がなんていうかわからないし
学校もあるからすぐにモデルの活動はできないかもしれません
本格的な仕事は高校卒業後でも遅《おそ》くないけど
チャンスがあればつかんだほうが絶対にいいよ
じゃあとりあえず連絡先《れんらくさき》だけ教えてくれる？
あと事務所への報告用に写真を撮《と》らせてもらうね！
こうして私は佐波《さなみ》さんに名前と住所、携帯《けいたい》番号、SNSのアカウント、学校を教えた
このプロジェクト外部にもれるとまずいから友だちには内緒《ないしょ》にしてね
今後のやりとりもこの通話アプリでお願いね！
今後のモデルの仕事にきっとつながるから！
それから毎日のように佐波《さなみ》さんとアプリでやりとりをした
そしてある日紹介《しょうかい》したい人がいるといわれて私は待ち合わせ場所に向かっていた

あ 佐波《さなみ》さん！
おっ 来たね！じゃあ今からガールズバーに体験入店してもらうよ！
えっ 私、16ですよ？
うん 20歳《さい》ってことにしておいて！体験だしお酒を飲まなければ平気だから!!
佐波《さなみ》さんの話ではその店にはモデルデビューをひかえた女の子が何人も働いている
業界人がよく飲みにくるそうでそこから仕事につながることもあるらしい
店長は20代前半くらいの美人 仕事はお客さんとカウンター越《こ》しに会話をしてお酒をつくることだけらしい
お店に出るのは18〜21時でも大丈夫《だいじょうぶ》よ
その時間帯ならなんとでも親に言い訳できるしバレずに働ける
私は佐波《さなみ》さんにいわれたとおりに履歴書《りれきしょ》にはウソの生年月日と年齢《ねんれい》を書いた

——数日後
セナちゃん おはよう！
…あっ…！ おはようございます
セナって私の名前だった……！
昨日お客さんに飲まされてたけど平気？
ちゃんと自分で断るのよ？
大丈夫《だいじょうぶ》ですよ 私、お酒に強いみたいです！
店にはさまざまな客が訪れる その中には……
もしかしたら業界人がいるのかもしれない
でも今のところ私が接客した中でそれらしき人はいなかったと思う……
短時間だから楽だし時給は3000円
それでもこの仕事に不満はない
それにお酒を注文してもらえば価格の何割かが私に入る
仕事終わりが22時を過ぎることもあるけど毎回、1万円はかせげている
そのお金は好きな洋服や化粧品《けしょうひん》に使える!!

カラン
どうぞ
お疲《つか》れ！
おーい!!お姉さんも飲みなよ！
アハハハ
若いのは元気だなあ
ここは何時までやってるの？
深夜3時までです！私はもうすぐ失礼しますが
このお客さんさっきから質問ばっか……
ハッ
この人たちもしかして業界の人……!?
あり得る！飲んでるのはずっとソフトドリンク……
お酒を飲まない人がわざわざガールズバーに来るはずないよねずっと私を見てるし……

きっと仕事でモデルを探しに来ている……!!
お先に失礼しまーす！
あーあ、結局何もなかったなあ……
22時過ぎてるお父さんに怒《おこ》られる……
とぼ
とぼ
早く駅行かなきゃ
ちょっと待って！
この人さっきのお客さんもしかして……!!
警察ですちょっといいかしら
あなたの身分証明書を見せてくれる？

警察署
16歳《さい》はお酒
ダメだよね
それに
18歳《さい》未満は
原則、22時以降
働いたらダメ
パシャ
……はい
当然、知ってて
やっていた
わけよね？
誰《だれ》かに強制された
んじゃないの？
店の人？
……
故意にしろ
知らなかったにしろ
あなたは未成年
店は
健康保険証とか
身分証で
確認できたはず
風営法第22条
第1項《こう》第3号
以下の違反《いはん》ね

私は観念し ことの経緯《けいい》を すべて話した
逮捕《たいほ》こそ されなかったが 高校は停学処分になった
働いていた店にも 捜査《そうさ》が入り 店長が逮捕《たいほ》されたと ニュースで知った
どうやら店を経由して 未成年者による 援助《えんじょ》交際が頻繁《ひんぱん》に 行われていたらしい 店は売春をあっせんする 場所だったようだ
佐波《さなみ》に だまされた
佐波《さなみ》は モデル事務所の 社員ではなく 闇組織《やみそしき》の一員だった
スタッフ 大募集中!! 時給 ¥1,100円
キャムバーガー
……
佐波《さなみ》は今も 逮捕《たいほ》されていない 組織も同じだ
ウィーン…
いらっしゃいませー!
ああ……
ノーメイク ヘアセットも していない 私が憧《あこが》れていた 世界よりも この子のほうが 輝《かがや》いて見えた

TURNING POINT

闇《やみ》バイトから身を守るターニングポイント

魅力的《みりょくてき》な誘《さそ》いへの期待感から
バレなければいいと
年齢《ねんれい》を偽《いつわ》ってしまった

あやしいと感じた時点で
すぐに保護者に相談して
正しい判断をする

PLAY BACK
CHECK POINT
あと事務所への報告用に写真を撮《と》らせてもらうね！
こうして私は佐波《さなみ》さんに名前と住所、携帯《けいたい》番号、SNSのアカウント、学校を教えた
このプロジェクト外部にもれるとまずいから友だちには内緒《ないしょ》にしてね
今後のモデルの仕事にきっとつながるから！
今後のやりとりもこの通話アプリでお願いね！
それから毎日のように佐波《さなみ》さんとアプリでやりとりをした
そしてある日紹介《しょうかい》したい人がいるといわれて私は待ち合わせ場所に向かっていた

闇《やみ》組《そ》織《しき》との接点は安全に見えるケースもある

闇《やみ》バイトのきっかけは、街中にもひそんでいる。たとえば、街でのスカウトもそのひとつだ。スカウト行為《こうい》は、各地方公共団体の迷惑《めいわく》防止条例によって禁止されている。ただし、芸能・モデル事務所のスカウトは違法《いほう》ではないため、スカウトマンは周囲の視線を気にすることなく、ターゲットに接触《せっしょく》する。そのスカウトマンの気さくな態度に安心したのが、マンガのアイリなのだ。

昨今《さっこん》、芸能・モデル事務所への契約《けいやく》でトラブルになっているのが、「契約《けいやく》内容とは違《ちが》った仕事をさせられる」「高額な契約金《けいやくきん》やレッスン代を請求《せいきゅう》される」といったケースだ。偽《にせ》オーディションで勧誘《かんゆう》することもある。保護者に反対されるから内緒《ないしょ》にしていたという被害者《ひがいしゃ》も少なくないそうだ。

闇《やみ》組《そ》織《しき》の狙《ねら》いと手口

闇《やみ》バイトの始まりと終わり

- スカウトで
  優《ゆう》越《えつ》感《かん》をあたえる

- 夢を見させて
  その気にさせる

- 道具として利用した
  のちに捨てる

闇《やみ》組《そ》織《しき》によるスカウトは、
先に進めば進むほど、
光のない世界へと続く

最後はこうなる

違《い》法《ほう》労働など、契《けい》約《やく》とは違《ちが》う内容の仕事をさせられる！
契《けい》約《やく》金《きん》やレッスン代、美容サービス代など、
金銭を要求される！

秘密にメリットを感じさせ心と体をむしばんで捨てる

お金でつって闇《やみ》バイトをさせるケースと違《ちが》い、最初からお金をしぼり取るためにだまそうとする闇《やみ》組《そ》織《しき》もある。契《けい》約《やく》金《きん》やレッスン代のほか、プロフィール写真の撮《さつ》影《えい》費用や、高額な美容エステ代金など、金銭を要求されるトラブルが起きている。

さらに恐《おそ》ろしいのは、契《けい》約《やく》内容とは違《ちが》う仕事をさせられることだ。代表的なのは、キャバクラやガールズバーなどでの接客、風俗店へのあっせん、アダルトビデオへの出演などだ。この時点でだまされていることに気づいても後《あと》戻《もど》りはしにくい。個人情報を握《にぎ》られ、さらに脅《きょう》迫《はく》によって従うしかない状《じょう》況《きょう》に追いこまれているからだ。後々、訴《うった》えたケースもあるが、そのころには闇《やみ》組《そ》織《しき》は姿をくらましている。

闇《やみ》組《そ》織《しき》の実態を暴く！

■ 多様化する勧《かん》誘《ゆう》方法

❶ ダイレクトメール

SNSの投《とう》稿《こう》内容を見て、ダイレクトメールでスカウトする。健全に運営している芸能・モデル事務所も使う方法のため、本物だと受け止めてしまう人もいる。有名な事務所になりすましてアプローチしてくる闇《やみ》組《そ》織《しき》もある。

❷ 電子広告

WebサイトやSNSなどに、タレント・モデル、エキストラ募《ぼ》集《しゅう》などの広告をだして勧《かん》誘《ゆう》する。芸能界を目指す人がだまされやすい。自ら応《おう》募《ぼ》するので、個人情報を知られてしまう。広告は一時的にしか掲《けい》載《さい》されないことが多い。

❸ スカウト

名《めい》刺《し》や事務所のWebサイトがないことが多い。また、なんらかの理由をつけて契《けい》約《やく》を急《せ》かすようなスカウトマンはあやしい。言葉巧《たく》みに自分のペースに誘《ゆう》導《どう》していく。有名な事務所の名《めい》称《しょう》や雑誌名をだして勧《かん》誘《ゆう》するケースもある。

❹ オーディション商法

WebサイトやSNSでオーディションの広告をだし、書類審《しん》査《さ》後《ご》、実際にオーディションを行う。契《けい》約《やく》を結んだあとに、登録費、撮《さつ》影《えい》費《ひ》、レッスン代などを不当に請《せい》求《きゅう》する。合格したことへの喜びが大きいので、詐《さ》欺《ぎ》に気づきにくい傾《けい》向《こう》にある。

正当な芸能・モデル事務所が行っている人材の発《はっ》掘《くつ》と同じ手法を取ることで、不信感を抱《いだ》かせないようにするのが怖《こわ》いところだ。成人年《ねん》齢《れい》が18歳《さい》に引き下げられたことで、判断力が未熟な18、19歳《さい》をターゲットにするケースも増えている。芸能の世界に入るきっかけを悪用した、「闇《やみ》バイトのきっかけ」であることを知っておこう。

どんな犯罪？ 年齢詐称《ねんれいさしょう》の場合

詐欺罪《さぎざい》

10年以下の懲役《ちょうえき》

年齢詐称《ねんれいさしょう》が詐欺罪《さぎざい》（刑法《けいほう》第246条）に該当《がいとう》することがある。未成年者の場合、知識や考えの不足、判断能力が不十分ということも考慮《こうりょ》されるが、審判《しんぱん》がくだされることもある。家庭裁判所で調査または審判《しんぱん》の結果、少年院送致《そうち》などの決定がくだされることになる。

雇用《こよう》側は労働基準法違反《いはん》

未成年者の深夜労働は禁止されている！

労働基準法（第61条）では、原則として18歳《さい》未満の年少者を午後10時から午前5時までの時間帯に労働させることを禁止している。年少者が年齢《ねんれい》を偽《いつわ》っていた場合も雇用者《こようしゃ》は罰《ばっ》せられる。また、風営法では18歳《さい》未満の年少者に「客の接待をさせること」自体を禁止している。

誰《だれ》かをだまそうとしたわけではない……

危険を察知した時点で相談 最悪の結末を避《さ》けよう

芸能・モデル事務所のスカウトは、健全な事務所も行っていることから、偽者《にせもの》だと気づけないことがある。このようなケースだけでなく、何かしらの契約《けいやく》を結ぶ際には、書面の内容をしっかり確認することが大切だ。そのためには自分だけでなく、第三者に目を通してもらうとよい。契約《けいやく》内容に違和感《いわかん》があれば、その時点でトラブルを避《さ》けられるはずだ。健全な事務所は、トラブルが生じないように、保護者の確認を怠《おこた》らないことも覚えておこう。

また、18歳《さい》未満の者を不当に労働させる店自体が危険だと認識してほしい。上記の法律を知っていれば理解できるはずだ。闇《やみ》バイトは被害《ひがい》がエスカレートしていくもの。危険を察知した時点で、闇組織《やみそしき》からはなれるべきだ。

闇《やみ》バイトアラート発動！

アラート 1 実態のない組織の勧誘《かんゆう》や接触《せっしょく》は絶対に避《さ》ける

企業《きぎょう》は商業登記法という法律で、会社の名称《めいしょう》や所在地を公示する義務がある。ただし、住所は自宅やレンタルオフィスにすることも可能。勧誘《かんゆう》された組織の情報を調べるときは、住所を頼《たよ》りにインターネットで地図を確認するとよい。空き地などが表示されたら、それは詐欺《さぎ》の可能性が高い。また、SNSなどのダイレクトメールを受信不可にすると、闇組織《やみそしき》との接触《せっしょく》を防ぐのに有効だ。

●ネットの管理機能でセキュリティ対策

- 検索《けんさく》制限
- 使用制限
- Webの閲覧《えつらん》制限
- 使用時間制限
- 望ましくないアプリのブロック

アラート 2 契約書《けいやくしょ》は時間をかけて、大人と一緒《いっしょ》に確認する

契約書《けいやくしょ》がない場合はそもそも危険だ。契約書《けいやくしょ》がある場合も、短時間で内容を理解するのは難しい。その場での契約《けいやく》は避《さ》けて、保護者や第三者と一緒《いっしょ》に確認してから書面を取り交わすべき。また、条件を満たしていれば、クーリング・オフ（P.119）で契約《けいやく》を解除できる場合もある。さらに、契約《けいやく》内容を誤認したり、困惑《こんわく》したりした状態で契約《けいやく》した場合、消費者契約法《けいやくほう》によってあとから取り消せることもある。

●クーリング・オフの対象になることも

スカウトは特定商取引法の業務提供誘因販売《ゆういんはんばい》取引に該当《がいとう》。その場合、契約書《けいやくしょ》を受け取った日から数えて8日以内であれば、クーリング・オフができ、契約《けいやく》を無条件で解除できる。

アラート 3 労働基準法に触《ふ》れる仕事は絶対にNG

雇用《こよう》可能な最低年齢《ねんれい》について労働基準法では、満15歳《さい》に達した日以後の最初の3月31日が終了するまでは使用してはいけないと定めている。中学生は仕事ができない（例外あり）。また、満18歳《さい》未満の年少者は、1日8時間、1週40時間の法定労働時間が適用され、午後10時から午前5時までの時間帯は、原則働かせることができない。風営法という法律では、風俗《ふうぞく》営業を営む者に対して、18歳《さい》未満の者に客の接待をさせる行為《こうい》を禁止している。これらに違反《いはん》している仕事は受けるべきでない。

9話 違《い》法《ほう》に入手した物品を代理販《はん》売《ばい》

たっ
あっ
おばさーん
こんにちは！
あらケンくん
こんにちは
たっ
たんっ
予備校の帰り？
毎日大変ねえ
浪人《ろうにん》させて
もらって
いるから
文句《もんく》いえない
っすよ
ま～！
本当いい子
ねえ～！
ねえ～！
最近の
オレは
あっ
キキーッ
うちの孫
なんて
この間さあ
とても
調子がいい
宅配便！
オレのです！

第一志望の大学に
落ちたときは
この世の終わりかと
思ったけど
よっ！
毎日予備校で
それなりに
忙《いそが》しいし
何より
今は……
ドサッ
ガッ
金がある！
今回も
すげえ……
高級バッグが
雑に入ってる～
といっても
これは別に
オレのものではない

パ
シャッ
現在 90,000円 (税0円)
送料 東京都は1,240円 (税込)
配送方法：宅急便
0件
未使用
届いた商品の写真を撮《と》って
ネットオークションに出品する
おっ
こないだの腕時計《うでどけい》落札《らくさつ》されてる！
落札《らくさつ》されたら梱包《こんぽう》して発送
配送業者に集荷依頼《いらい》をすれば家から発送できる
落札額《らくさつがく》の20%がオレのバイト代だ！
20万円で売れたから今回は4万円！
もし落札《らくさつ》されなくても
指定の買取店に売るだけで買取額の20%が受け取れる
ンバッグ
現在 100,000円
価格 120,000円 (税0円)
(税0円)
送料 東京都は1,240円(税込)
未使用 0件 質問する
終了

買取依頼《いらい》も家でできる
まっ
もちろんオークションで成功したほうがもうかるけど
集荷依頼
おわり
1か月前
代理出品のバイト……!?
高収入・1日1時間～
＼代理出品のアルバイト／
未経験者大歓迎！完全リモート
臨時拡大募集中
臨時……
ってことは急ぎで応募《おうぼ》するべきか……!?
何事も悩《なや》む前に行動だ！
えええい!!
発送も入金の確認も全部がパソコンでできるから親にはバレないし
ぽんっ
こうして感謝されるのも悪くなかった
ページ中1ページ目を表示（合計：21
良い 出品者です。
評価者
メント：新品をお安く買えて良かった
ありがとうございました！

高校のメンバーで旅行の予定を立ててるんだけど ケンもどう？
旅行かぁ
団体予約でけっこう安く行けそうでさ
ピン
それはまあどうにでもなる
ポン!!
全ての登録口座
現在高（代表口座）
728,273円
安くか……!?
でも……
1週間も家を空けらんないわ また今度な！
ガタッ
え～

だって
1週間もあれば
オークションで
どれだけかせげると
思ってんだよ
はい
はーい
ガチャッ
マエシマ
ケンセイさん
ですね？
神奈川県警の者です
あなたの家を
捜索《そうさく》します
差押許可状
前嶋　健成
ざわ
え……!?
ざわ

えっ？
なんですか突然《とつぜん》……
お話はのちほど
ずか
ずか
ちょっ……!!
ありました！2階です
あのダンボール……なんで!?
7月23日18時23分
マエシマケンセイ逮捕《たいほ》！
容疑は電磁的記録《でんじてききろく》不正作出及《ふせいさくしゅつおよ》び共用《きょうよう》
窃盗罪《せっとうざい》

オレがオークションにかけていた商品は
誰《だれ》かのカードを不正利用して手に入れたものだった
それだけじゃない
商品の一部には強盗《ごうとう》や窃盗《せっとう》で奪《うば》われたものもあった
ここまで判明するのに
20日もかかった
今回は不起訴《ふきそ》となりましたが
あなたの口座は差し押《お》さえられ
携帯《けいたい》電話もしばらくこちらで預かります
はい……

ギキッ
ようやく家に帰ってこられた……
ガチャ
窃盗《せっとう》ですって!
!!
ビクッ
やだ怖《こわ》いわ!
ひそ
愛想よくしてたけど泥棒《どろぼう》に入ろうとでもしてたのかしら
ひそ
違《ちが》う!!
知らなかったんだ……
この日から無知は罪なのだと毎日、毎晩、毎秒
後悔《こうかい》しないときはない

TURNING POINT

闇《やみ》バイトから身を守るターニングポイント

おいしい話に目がくらみ
仕事の裏側を
確認しなかった

報酬《ほうしゅう》が高いと感じたら
仕事の内容や相場を調べて
常識との格差を確認する

業務の代行ではなく犯罪行為《こうい》の代行かもしれない

日本では「働き方改革」が進められており、企業《きぎょう》によっては副業を認めたり、在宅ワークを取り入れたりしている。こうした背景から、自宅でできるバイトの種類も多様化しており、「荷受代行」や「発送代行」といったものが生まれている。正当なビジネスもあるが、なかには闇《やみ》バイトも紛《まぎ》れこんでいる。マンガのケンが手をだしてしまった「出品代行」も、詐欺《さぎ》の片棒をかつぐ闇《やみ》バイトだった。

誰《だれ》でも閲覧《えつらん》できる求人サイトに掲載《けいさい》されている安心感と、簡単に高額報酬《ほうしゅう》を得られるタイムパフォーマンスのよさで手をだしてしまうのである。お試し感覚で始めたものの、闇組織《やみそしき》の圧力によってぬけだせなくなるのは、ほかの闇《やみ》バイトと同様だ。

闇《やみ》組《そ》織《しき》の狙《ねら》いと手口

実行犯の多くはバイト

商品を手に入れる

他人のクレジットカードで購入《こうにゅう》したり、物品を盗《ぬす》んだりして商品を集める。実行するのはバイトだ。偽《にせ》ブランドの商品を扱《あつか》うこともある。

商品を運ぶ・売る

荷受代行、発送代行、出品代行というように、闇《やみ》バイトの役割が分けられている。不当に手に入れた商品を売るところまで、バイトが担当していることになる。

お金を引きだす

買い手が金融《きんゆう》機関の口座に振《ふ》りこんだ購入《こうにゅう》代金を引きだすのもバイトの役目。その口座も、口座売買の闇《やみ》バイトで手に入れた可能性がある。

闇《やみ》バイトでビジネスが成り立つ

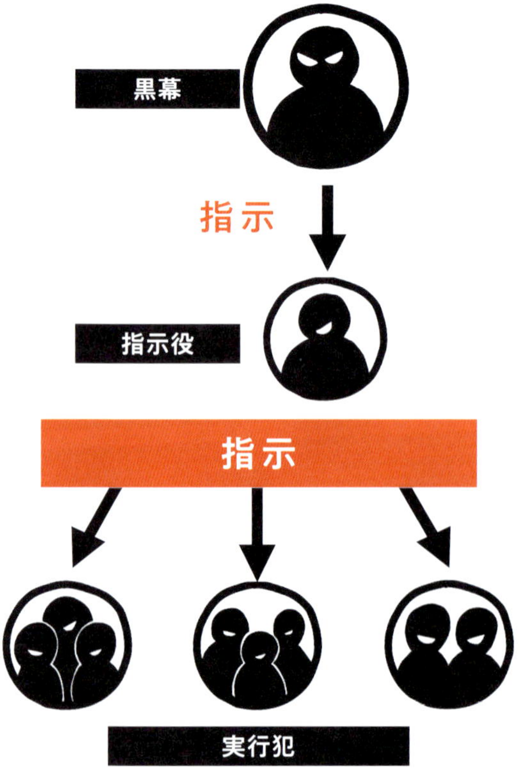

実行犯はすべてアルバイト 闇《やみ》組《そ》織《しき》は利益だけを得て雲《くも》隠《がく》れ

「ネットワーク犯罪ビジネス」とも呼べるのが闇《やみ》バイトである。不当に商品を手に入れ、流通させ、お金をかせぐ。その犯行に使われる携《けい》帯《たい》電話も金《きん》融《ゆう》口座も、闇《やみ》バイトで手に入れたもの。闇《やみ》組《そ》織《しき》はバイトを勧《かん》誘《ゆう》し、指示をだすだけで、何も実行はしていない。自分たちの手を汚《よご》すことなく、実行犯が逮《たい》捕《ほ》されれば捨て、自分たちは利益のみを持ち逃《に》げする。こうしたネットワークが構築されているがゆえに、闇《やみ》バイトをする者の中には、自分が犯罪に加担していることに気づかないケースもある。

警察や社会も気づきにくいといえる。商品やお金を巧《たく》みに移動させ、足がつかないよう対策が講じられているからだ。どこにいるかわからない闇《やみ》組《そ》織《しき》だが、常に私たちに近づこうとしている。

闇《やみ》組《そ》織《しき》の実態を暴く！

■荷受代行にも注意！　巧《こう》妙《みょう》な犯行手口

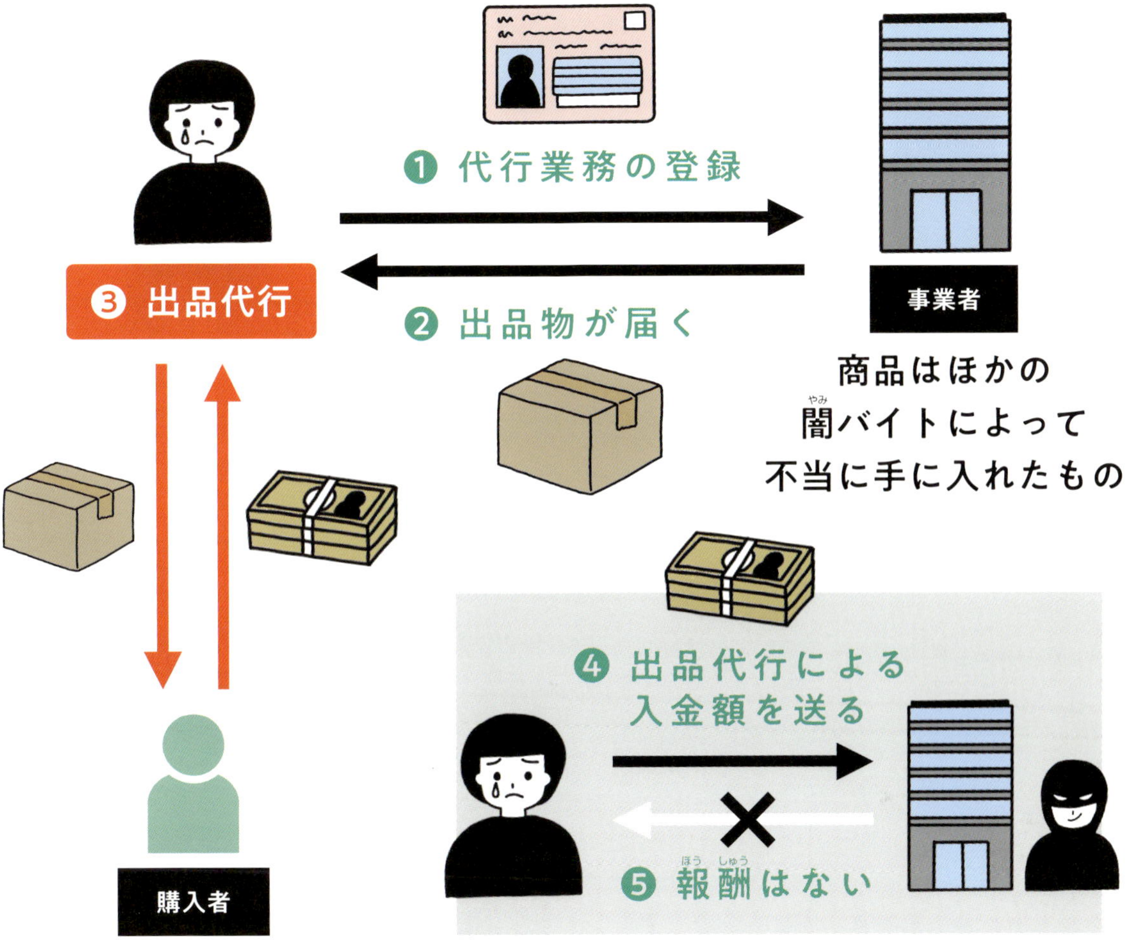

システム化された犯行

闇《やみ》組《そ》織《しき》は購入代行《こうにゅうだいこう》の闇《やみ》バイトで不当に商品を手に入れる。それを別の人間に出品させる（出品代行）。購入《こうにゅう》した人が振《ふ》りこむ口座も、闇《やみ》バイトで手に入れたものだ。犯行に使う携帯《けいたい》電話も同様。闇《やみ》バイトをする人の個人情報を使って入手した携帯《けいたい》電話を本人に送り、その事実を知らないまま闇《やみ》組《そ》織《しき》に届けるという手口にはめられた人もいる。

どんな犯罪？ 出品代行の場合

電《でん》磁《じ》的《てき》記《き》録《ろく》不《ふ》正《せい》作《さく》出《しゅつ》及《およ》び供《きょう》用《よう》

5年以下の懲役《ちょうえき》または50万円以下の罰金《ばっきん》

刑法《けいほう》第161条の2に定められた法律で、たとえば他人のキャッシュカードやクレジットカードなどの電磁《でんじ》的記録《てききろく》を不正に使用すること。人の事務処理を誤らせる目的がある場合に該当する。なお、未遂《みすい》の場合も処罰《しょばつ》される。

窃《せっ》盗《とう》罪《ざい》

5年以下の懲役《ちょうえき》または50万円以下の罰金《ばっきん》

電《でん》磁《じ》的《てき》記《き》録《ろく》不《ふ》正《せい》作《さく》出《しゅつ》及《およ》び供《きょう》用《よう》によって得たお金を引きだすと窃《せっ》盗《とう》罪《ざい》（刑《けい》法《ほう》第235条）になる。出品代行は電《でん》磁《じ》的《てき》記《き》録《ろく》不《ふ》正《せい》作《さく》出《しゅつ》及《およ》び供《きょう》用《よう》と窃《せっ》盗《とう》罪《ざい》の両方が成立。それぞれの犯罪が目的・手段または原因・結果の関係にあり、実質として一連の行為《こうい》とみなされる。

被《ひ》害《がい》者《しゃ》から損《そん》害《がい》賠《ばい》償《しょう》を請《せい》求《きゅう》されることも！

不法行為《こうい》によって損害をあたえた場合、被害者《ひがいしゃ》に対してその損害を補償《ほしょう》しなければならない。

誰《だれ》にも接触《せっしょく》しない闇《やみ》バイト 違《い》法《ほう》行《こう》為《い》である認識を持ちたい

気づかずに犯行を代行しているのが闇《やみ》バイト。「知らなかった」ではすまされない。この落とし穴にはまらないためにも、知識を持つことが求められる。闇《やみ》バイトの事件はニュースや新聞でたびたび取りあげられている。闇《やみ》組《そ》織《しき》は変《へん》幻《げん》自《じ》在《ざい》に手法をかえるが、共通する部分も多い。

これまでの闇《やみ》バイトも同様で、トラブルを回《かい》避《ひ》するターニングポイントはいくつもある。①得体の知れない人とは接《せっ》触《しょく》しない。②個人情報を伝えない。③秘《ひ》匿《とく》性《せい》の高いコミュニケーションアプリを使わない。④犯罪とわかった時点でやりとりをやめ、大人に相談する。

被《ひ》害《がい》者《しゃ》をださず、自身も被《ひ》害《がい》を受けないためには、①のポイントを強く意識することだ。

闇《やみ》バイトアラート発動！

アラート 1 高額バイトは必ず慎《しん》重《ちょう》な姿勢を持つ

商品やサービスに相場があるように、仕事の報酬《ほうしゅう》にも相場がある。それを大きく上まわる報酬《ほうしゅう》の場合、必ず理由がある。募《ぼ》集《しゅう》されている仕事の内容と、同様の仕事を調べてみると、違《い》和《わ》感《かん》に気づくはずだ。高額な報酬《ほうしゅう》の理由がわかれば、危険を感じ、闇《やみ》バイトの可能性を見いだせる。募《ぼ》集《しゅう》内容の文言だけにとらわれないようにしよう。

● 注意すべき文言

代理販売《はんばい》	代理購入《こうにゅう》
1日1～2時間	高収入
即《そく》日《じつ》支《し》払《はら》い	簡単

アラート 2 記録に残らないやりとりは完全にアウト

ほとんどのビジネスは、円滑《えんかつ》に事業を進めるために仕事のやりとりを記録し、管理している。第三者が記録を確認できれば、トラブルの回避《かいひ》や、トラブル時の対処が容易になるからだ。もし、記録を残さないという仕組みをとっていたら、“隠《かく》したいことがある”ととらえよう。機密事項《じこう》を持つ仕事だとしたら、携《たずさ》わる者を慎重《しんちょう》になって選ぶはずだ。

● 注意するべきやりとり

- 第三者への情報流出を禁止している
- 秘《ひ》匿《とく》性《せい》の高いコミュニケーションアプリを利用
- 契《けい》約《やく》書《しょ》のない依《い》頼《らい》

アラート 3 時間が経って多額を請《せい》求《きゅう》されるケースがある

犯罪に関《かん》与《よ》して加害者になると同時に、自身が被《ひ》害《がい》者《しゃ》になることもある。たとえば、代理購入《こうにゅう》した商品代金や、代理契約《けいやく》した携帯《けいたい》電話の通話料を請求《せいきゅう》されるなどだ。また、バイトでかかった経費が後払《あとばら》いされない、報酬《ほうしゅう》を支《し》払《はら》われないというケースも少なくない。被《ひ》害《がい》者《しゃ》から損《そん》害《がい》賠《ばい》償《しょう》を起こされることもある。

● 事後に請求《せいきゅう》される例

- 代理購入《こうにゅう》した商品の代金
- 代理契《けい》約《やく》した携《けい》帯《たい》電話の料金
- 被《ひ》害《がい》者《しゃ》からの損《そん》害《がい》賠《ばい》償《しょう》

そのバイト
大丈夫《だいじょうぶ》？

危険察知チャート

違法性《いほうせい》に気づいていたり、
疑わしく感じたりした場合、
交流自体を控《ひか》えよう！

バイトの紹介者《しょうかいしゃ》

はじめて
接触《せっしょく》する人

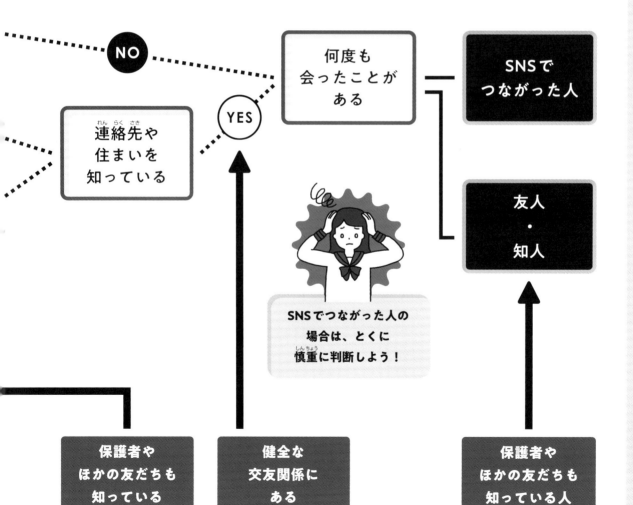

SNSで
つながった人

友人
・
知人

何度も
会ったことが
ある

NO

YES

連絡先《れんらくさき》や
住まいを
知っている

SNSでつながった人の
場合は、とくに
慎重《しんちょう》に判断しよう！

保護者や
ほかの友だちも
知っている

健全な
交友関係に
ある

保護者や
ほかの友だちも
知っている人

違《い》法《ほう》性《せい》がないかどうかの判断はもちろんだが、アルバイトを紹介《しょうかい》する人の身元はたしかか、
情報に信憑性《しんぴょうせい》や、正当性があるかどうかを確認できない場合は、手をだすべきではない。

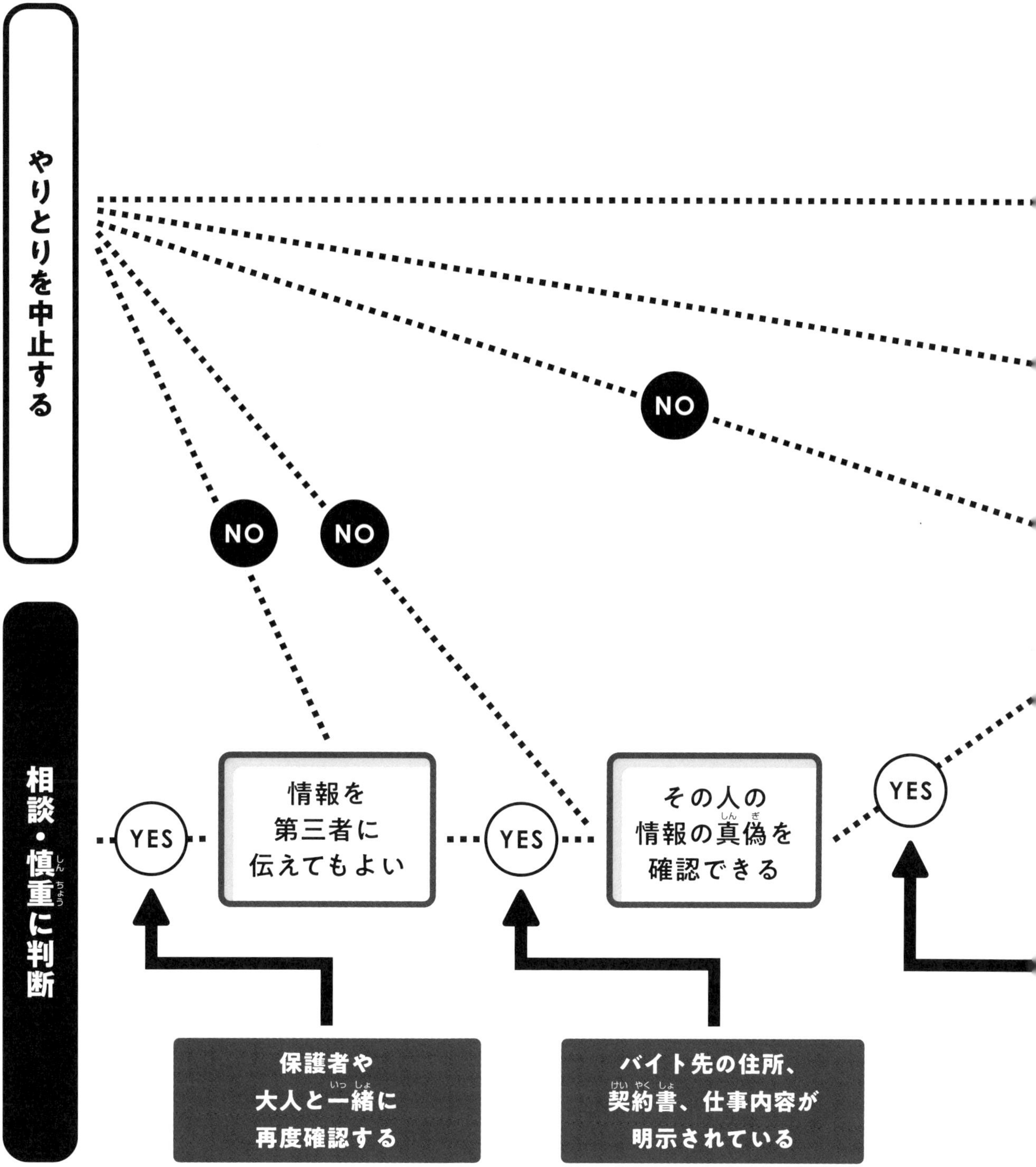

その紹介者《しょうかいしゃ》は
大丈夫《だいじょうぶ》？

人間関係チェックリスト

その人の素性を確認しよう。

- 紹介者《しょうかいしゃ》は反社会的勢力や犯行グループに関わりがない。
- 紹介者《しょうかいしゃ》のことを保護者や友だちなど複数の人が知っている。
- 紹介者《しょうかいしゃ》の本名、連絡《れんらく》先、住所が明らかになっている。
- 紹介者《しょうかいしゃ》に脅迫《きょうはく》されたり、強要されたりすることはない。
- 紹介者《しょうかいしゃ》はいいことだけでなく、悪いこともきちんと説明してくれる。
- 紹介者《しょうかいしゃ》は、保護者など自分の関係者が同席する場所でも説明をしてくれる。
- 紹介者《しょうかいしゃ》は、アルバイト先の責任者のことをよく知っており、違法性《いほうせい》のないビジネスをしていることを証明できる。
- 紹介者《しょうかいしゃ》が誰《だれ》かから脅迫《きょうはく》や強要をされている様子はない。
- 紹介者《しょうかいしゃ》は自分が断ったり、ためらったりしても、態度が変わらない。断っているのに無理にすすめてこない。
- 紹介者《しょうかいしゃ》は、契約書《けいやくしょ》や労働条件通知書を準備している。

すべてにチェックが入らない場合は、慎重《しんちょう》に対応するべき！

※P.154-155は、コピーして使いましょう。

SNSのみでつながっている人や、面識のない人との
やりとりで、以下の内容を守れているか、チェックしてみよう。

- 自分ひとりで会う約束をしていない。
- 電子メールなど、送受信を宛先《あてさき》（メールの場合「TO」）以外の人と共有できる（メールの場合「CC」や「BCC」）ツールで連絡《れんらく》を取り合っている。
- 非公開のチャットやメッセージ交換《こうかん》をしていない。していている場合は、保護者がそれを知っている。
- 相手に個人情報を伝えていない。
- 相手に家族や友人の情報を伝えていない。
- 相手にお金に困っていることや高額報酬《ほうしゅう》のあるアルバイトを探していることを伝えていない。
- 深夜や学校に登校している時間帯に、連絡《れんらく》を取り合わなくても問題にならない。
- 不適切な連絡《れんらく》があった場合、すぐにブロックすることや、関係を断つことができる。
- やりとりしている人の経歴を知っている。
- 複数のアカウントでやりとりしていない。している場合は、管理できている。

すべてにチェックが入らない場合は、慎重《しんちょう》に対応するべき！

困ったときの相談機関

犯罪行為《こうい》に巻きこまれそうになった場合、闇《やみ》バイトの勧誘《かんゆう》があった場合など、
保護者や学校の先生に相談しにくい場合は、全国にある相談機関を利用しよう。

警察相談ダイヤル

☎ #9110

都道府県警察の少年相談窓口

https://www.npa.go.jp/bureau/safetylife/syonen/soudan.html

こどもの人権110番（法務省の人権相談）

https://www.moj.go.jp/JINKEN/jinken112.html

☎ 0120-007-110

24時間子供SOSダイヤル（文部科学省）

https://www.mext.go.jp/a_menu/shotou/seitoshidou/06112210.htm

☎ 0120-0-78310

※相談機関の中には、メールやSNSで相談を受けつけているところもあります。
Webサイトなどでご確認ください。

保護者の方へ

お子さまが犯罪に巻きこまれている場合や、巻きこまれそうになっている場合、
危険がともなうこともありますので、必ず専門機関に相談し、判断をあおいでください。

消費生活センター 消費者ホットライン

☎ 188

国民生活センター 平日バックアップ相談

☎ 03-3446-1623

全国銀行協会相談室・あっせん委員会

☎ 0570-017109

銀行とりひき相談所

https://www.zenginkyo.or.jp/abstract/clinic/addresses/

日本弁護士連合会

https://www.nichibenren.or.jp/

☎ 0570-001-240

おわりに

監修《かんしゅう》　廣末《ひろすえ》　登《のぼる》

わたしは、法務省更生《こうせい》保護就労支援《しえん》事業所長や保護司に加えて、ノンフィクション作家の立場で、複数の闇《やみ》バイト経験者と面談してきました。その人たちに「捕《つか》まると思わなかったのか」と問うと、「捕《つか》まる可能性は五分五分と思ったが、途中《とちゅう》でやめられなかった」というような回答が多く、一度始めたらやめられない闇《やみ》バイトの怖《こわ》さを痛感しています。

現代社会では、犯罪誘発《ゆうはつ》の機会が無数に存在します。「お金がほしい」→「掲示板《けいじばん》や投稿《とうこう》サイトを検索《けんさく》」→「闇《やみ》バイト募集《ぼしゅう》広告を見る」→「応募《おうぼ》する」→「犯行」という偶然《ぐうぜん》の機会選択《せんたく》から、誰《だれ》もが気づいたら重大犯罪の加害者になってしまう可能性があります。これも闇《やみ》バイトの怖《こわ》さです。

若者の犯罪対策は、待ったなしです。無知、無関心は犯罪を増幅《ぞうふく》させ、闇組《やみそ》織《しき》の温床《おんしょう》になります。逮捕《たいほ》されて「知りませんでした」という言い訳は通用しません。昨今《さっこん》、初犯者でも犯罪抑止《よくし》の観点から実刑《じっけい》はまぬがれず、多くの場合、刑事施設《しせつ》に収容されています。18歳《さい》以上は刑事《けいじ》事件として裁かれます。そして、犯罪歴がつくことで、社会の対応が変わります。だからわたしは、闇《やみ》バイトの行きつく先は「社会的廃人《はいじん》」と警告しているのです。可能性に満ちた人生が台なしになる、そのことに気づいてほしいのです。

不登校で不良だったわたしは、中学を卒業後、17歳《さい》でブランドショップのアルバイトに採用され、19歳《さい》のときにデザイナーとして就職しました。同輩《どうはい》や先輩《せんぱい》から「中卒は天然記念物」とばかにされたことを契機《けいき》に、23歳《さい》で一念発起し、通信制高校、大学、大学院で学びなおしました。チャレンジを重ねることにより、不良の道から外れ、更生《こうせい》することができたと思います。この過程で気づいたことがあります。「人間は裏切ることがあるけれども、学問は人間を裏切らない」「手に職をつけたとしたら、誰《だれ》もそれを奪《うば》うことはできない」ということです。だからわたしは、犯罪に手を染めてしまった若者に対して、手に職をつけたり、学力をつけたりするために、数年間だけでも一生懸命《いっしょうけんめい》に何かに打ちこんでほしいと伝えています。

人間に不可能はありません。夢を大きく持ち、目標を見いだしてください。目標を定めたら、そこに至る道を自分で調べ、チャレンジしてください。たくさん失敗し、挫折《ざせつ》を味わってください。若いときの失敗や挫折《ざせつ》は、後年、必ず人生の糧《かて》となります。「あなただけのスキル」を身につければ、闇《やみ》バイトなどせずとも、お金は十分に得られるはずです。

監修　廣末 登（ひろすえ・のぼる）

1970年、福岡市生まれ。社会学者、博士（学術）。龍谷大学矯正・保護総合センター嘱託研究員、法務省・保護司。2008年、北九州市立大学大学院・社会システム研究科博士後期課程修了。国会議員政策担当秘書、熊本大学特任助教、法務省福岡県更生保護就労支援事業所長を経て現職。著書に『ヤクザになる理由』『だからヤクザを辞められない』（ともに新潮社）、『ヤクザと介護』『テキヤの掟』（ともにKADOKAWA）、『闇バイト』（祥伝社）などがある。

監修　芳賀 恒人（はが・つねひと）／**株式会社エス・ピー・ネットワーク**

東京大学経済学部卒業。大手損害保険会社で、上場企業や官公庁向けコンサルティングなどを経て、エス・ピー・ネットワーク入社（取締役副社長、首席研究員）。企業のリスク抽出・リスク分析ならびにビジネスコンプライアンスを中心とする内部統制構築を専門分野とするリスクアナリストとして、数多くの企業危機管理に関する事例を手がけるほか、反社会的勢力排除の分野を中心に数多くの実績を有する。

編　　集	セトオドーピス
装　　画	まりむぅ
マ ン ガ	まりむぅ（1話、2話、4話、6話、8話）
	カロ村（3話、5話、7話、9話）
イラスト	achaca
デザイン・DTP	中村 理恵

あの時こうしなければ……
本当に危ない闇バイトの話

初版発行　2024年9月　　第4刷発行　2025年6月

監　修	廣末 登　芳賀 恒人
発行所	株式会社 金の星社
	〒111-0056 東京都台東区小島1-4-3
	電話　03-3861-1861（代表）
	FAX　03-3861-1507
	振替　00100-0-64678
	ホームページ　https://www.kinnohoshi.co.jp
印　刷	広研印刷 株式会社
製　本	牧製本印刷 株式会社

160p. 24.7cm NDC379 ISBN978-4-323-07554-9

©Marimu,Karomura,achaca,Setoodeeps 2024
Published by KIN-NO-HOSHI SHA, Tokyo, Japan

乱丁落丁本は、ご面倒ですが、小社販売部宛てにご送付ください。
送料小社負担にてお取り替えいたします。

JCOPY 出版者著作権管理機構 委託出版物
本書の無断複写は著作権法上での例外を除き禁じられています。複写される場合は、そのつど事前に出版者著作権管理機構（電話 03-5244-5088　FAX 03-5244-5089
e-mail: info@jcopy.or.jp）の許諾を得てください。
※本書を代行業者等の第三者に依頼してスキャンやデジタル化することは、
　たとえ個人や家庭内での利用でも著作権法違反です。